心一堂術數古籍珍本叢刊

書名：命相談奇（虛白廬藏本）第一集
系列：心一堂術數古籍珍本叢刊　星命類　相術類　第三輯　311
作者：【民國】齊東野
主編、責任編輯：陳劍聰
心一堂術數古籍珍本叢刊編校小組：陳劍聰　素聞　鄒偉才　虛白盧主　丁鑫華

出版：心一堂有限公司
通訊地址：香港九龍旺角彌敦道六一〇號荷李活商業中心十八樓〇五—〇六室
深港讀者服務中心·中國深圳市羅湖區立新路六號羅湖商業大厦負一層〇〇八室
電話號碼：(852)9027-7110
網址：publish.sunyata.cc
電郵：sunyatabook@gmail.com
網店：http://book.sunyata.cc
淘寶店地址：https://sunyata.taobao.com
微店地址：https://weidian.com/s/1212826297
臉書：https://www.facebook.com/sunyatabook
讀者論壇：http://bbs.sunyata.cc/

版次：二零二零年四月初版
平裝

定價：港幣　九十八元正
　　　新台幣　四百五十元正

國際書號：ISBN 978-988-8583-16-4

香港發行：香港聯合書刊物流有限公司
地址：香港新界大埔汀麗路36號中華商務印刷大厦3樓
電話號碼：(852)2150-2100
傳真號碼：(852)2407-3062
電郵：info@suplogistics.com.hk

台灣發行：秀威資訊科技股份有限公司
地址：台灣台北市內湖區瑞光路七十六巷六十五號一樓
電話號碼：+886-2-2796-3638
傳真號碼：+886-2-2796-1377
網絡書店：www.bodbooks.com.tw
台灣秀威書店讀者服務中心：
地址：台灣台北市中山區松江路二〇九號一樓
電話號碼：+886-2-2518-0207
傳真號碼：+886-2-2518-0778
網絡書店：http://www.govbooks.com.tw

中國大陸發行　零售：深圳心一堂文化傳播有限公司
深圳地址：深圳市羅湖區立新路六號羅湖商業大厦負一層〇〇八室
電話號碼：(86)0755-82224934

心一堂微店二維碼

心一堂淘寶店二維碼

心一堂術數古籍 珍本 整理 叢刊 總序

術數定義

術數，大概可謂以「推算（推演）、預測人（個人、群體、國家等）、事、物、自然現象、時間、空間方位等規律及氣數，並或通過種種『方術』，從而達致趨吉避凶或某種特定目的」之知識體系和方法。

術數類別

我國術數的內容類別，歷代不盡相同，例如《漢書・藝文志》中載，漢代術數有六類：天文、曆譜、五行、蓍龜、雜占、形法。至清代《四庫全書》，術數類則有：數學、占候、相宅相墓、占卜、命書、相書、陰陽五行、雜技術等，其他如《後漢書・方術部》、《藝文類聚・方術部》、《太平御覽・方術部》等，對於術數的分類，皆有差異。古代多把天文、曆譜、及部分數學均歸入術數類，而民間流行亦視傳統醫學作為術數的一環；此外，有些術數與宗教中的方術亦往往難以分開。現代民間則常將各種術數歸納為五大類別：命、卜、相、醫、山，通稱「五術」。

本叢刊在《四庫全書》的分類基礎上，將術數分為九大類別：占筮、星命、相術、堪輿、選擇、三式、讖諱、理數（陰陽五行）、雜術（其他）。而未收天文、曆譜、算術、宗教方術、醫學。

術數思想與發展——從術到學，乃至合道

我國術數是由上古的占星、卜筮、形法等術發展下來的。其中卜筮之術，是歷經夏商周三代而通過「龜卜、蓍筮」得出卜（筮）辭的一種預測（吉凶成敗）術，之後歸納並結集成書，此即現傳之《易

經》。經過春秋戰國至秦漢之際，受到當時諸子百家的影響、儒家的推崇，遂有《易傳》等的出現，原本是卜筮術書的《易經》，被提升及解讀成有包涵「天地之道（理）」之學。因此，《易・繫辭傳》曰：「易與天地準，故能彌綸天地之道。」

漢代以後，易學中的陰陽學說，與五行、九宮、干支、氣運、災變、律曆、卦氣、讖緯、天人感應說等相結合，形成易學中象數系統。而其他原與《易經》本來沒有關係的術數，如占星、形法、選擇，亦漸漸以易理（象數學說）為依歸。《四庫全書・易類小序》云：「術數之興，多在秦漢以後。要其旨，不出乎陰陽五行，生尅制化。實皆《易》之支派，傳以雜說耳。」至此，術數可謂已由「術」發展成「學」。

及至宋代，術數理論與理學中的河圖洛書、太極圖、邵雍先天之學及皇極經世等學說給合，通過術數以演繹理學中「天地中有一太極，萬物中各有一太極」（《朱子語類》）的思想。術數理論不單已發展至十分成熟，而且也從其學理中衍生一些新的方法或理論，如《梅花易數》、《河洛理數》等。

在傳統上，術數功能往往不止於僅僅作為趨吉避凶的方術，及「能彌綸天地之道」的學問，亦有其「修心養性」的功能，「與道合一」（修道）的內涵。《素問・上古天真論》：「上古之人，其知道者，法於陰陽，和於術數。」數之意義，不單是外在的算數、歷數、氣數，而是與理學中同等的「道」、「理」--心性的功能，北宋理氣家邵雍對此多有發揮：「聖人之心，是亦數也」、「萬化萬事生乎心」、「心為太極」。《觀物外篇》：「先天之學，心法也。……蓋天地萬物之理，盡在其中矣，心一而不分，則能應萬物。」反過來說，宋代的術數理論，受到當時理學、佛道及宋易影響，認為心性本質上是等同天地之太極。天地萬物氣數規律，能通過內觀自心而有所感知，即是內心也已具備有術數的推演及預測、感知能力；相傳是邵雍所創之《梅花易數》，便是在這樣的背景下誕生。

《易・文言傳》已有「積善之家，必有餘慶；積不善之家，必有餘殃」之說，至漢代流行的災變說及讖緯說，我國數千年來都認為天災，異常天象（自然現象），皆與一國或一地的施政者失德有關；下至家族、個人之盛衰，也都與一族一人之德行修養有關。因此，我國術數中除了吉凶盛衰理數之外，人心的德行修養，也是趨吉避凶的一個關鍵因素。

術數與宗教、修道

在這種思想之下，我國術數不單只是附屬於巫術或宗教行為的方術，又往往是一種宗教的修煉手段--通過術數，以知陰陽，乃至合陰陽（道）。「其知道者，法於陰陽，和於術數。」例如，「奇門遁甲」術中，即分為「術奇門」與「法奇門」兩大類。「法奇門」中有大量道教中符籙、手印、存想、內煉的內容，是道教內丹外法的一種重要外法修煉體系。甚至在雷法一系的修煉上，亦大量應用了術數內容。此外，相術、堪輿術中也有修煉望氣（氣的形狀、顏色）的方法；堪輿家除了選擇陰陽宅之吉凶外，也有道教中選擇適合修道環境（法、財、侶、地中的地）的方法，以至通過堪輿術觀察天地山川陰陽之氣，亦成為領悟陰陽金丹大道的一途。

易學體系以外的術數與的少數民族的術數

我國術數中，也有不用或不全用易理作為其理論依據的，如揚雄的《太玄》、司馬光的《潛虛》。也有一些占卜法、雜術不屬於《易經》系統，不過對後世影響較少而已。

外來宗教及少數民族中也有不少雖受漢文化影響（如陰陽、五行、二十八宿等學說。）但仍自成系統的術數，如古代的西夏、突厥、吐魯番等占卜及星占術，藏族中有多種藏傳佛教占卜術、苯教占卜術、擇吉術、推命術、相術等；北方少數民族有薩滿教占卜術；不少少數民族如水族、白族、布朗族、佤族、彝族、苗族等，皆有占雞（卦）草卜、雞蛋卜等術，納西族的占星術、占卜術，彝族畢摩的推命術、占卜術……等等，都是屬於《易經》體系以外的術數。相對上，外國傳入的術數以及其理論，對我國術數影響更大。

曆法、推步術與外來術數的影響

我國的術數與曆法的關係非常緊密。早期的術數中，很多是利用星宿或星宿組合的位置（如某星在某州或某宮某度）付予某種吉凶意義，并據之以推演，例如歲星（木星）、月將（某月太陽所躔之宮次）等。不過，由於不同的古代曆法推步的誤差及歲差的問題，若干年後，其術數所用之星辰的位置，已與真實星辰的位置不一樣了；此如歲星（木星），早期的曆法及術數以十二年為一周期（以應地支），與木星真實周期十一點八六年，每幾十年便錯一宮。後來術家又設一「太歲」的假想星體來解決，是歲星運行的相反，週期亦剛好是十二年。而術數中的神煞，很多即是根據太歲的位置而定。又如六壬術中的「月將」，原是立春節氣後太陽躔娵訾之次而稱作「登明亥將」，至宋代，因歲差的關係，要到雨水節氣後太陽才躔娵訾之次，當時沈括提出了修正，但明清時六壬術中「月將」仍然沿用宋代沈括修正的起法沒有再修正。

由於以真實星象周期的推步術是非常繁複，而且古代星象推步術本身亦有不少誤差，大多數術數除依曆書保留了太陽（節氣）、太陰（月相）的簡單宮次計算外，漸漸形成根據干支、日月等的各自起例，以起出其他具有不同含義的眾多假想星象及神煞系統。唐宋以後，我國絕大部分術數都主要沿用這一系統，也出現了不少完全脫離真實星象的術數，如《子平術》、《紫微斗數》、《鐵版神數》等。後來就連一些利用真實星辰位置的術數，如《七政四餘術》及選擇法中的《天星選擇》，也已與假想星象及神煞混合而使用了。

隨着古代外國曆（推步）、術數的傳入，如唐代傳入的印度曆法及術數，元代傳入的回回曆等，其中我國占星術便吸收了印度占星術中羅睺星、計都星等而形成四餘星，又通過阿拉伯占星術而吸收了其中來自希臘、巴比倫占星術的黃道十二宮、四大（四元素）學說（地、水、火、風），並與我國傳統的二十八宿、五行說、神煞系統並存而形成《七政四餘術》。此外，一些術數中的北斗星名，不用我國傳統的星名：天樞、天璇、天璣、天權、玉衡、開陽、搖光，而是使用來自印度梵文所譯的：貪狼、巨門、祿存、文曲，廉貞、武曲、破軍等，此明顯是受到唐代從印度傳入的曆法及占星術所影響。如星命術中的《紫微斗數》及堪輿術中的《撼龍經》等文獻中，其星皆用印度譯名。及至清初《時憲曆》，置閏之法則改用西法「定氣」。清代以後的術數，又作過不少的調整。

此外，我國相術中的面相術、手相術，唐宋之際受印度相術影響頗大，至民國初年，又通過翻譯歐西、日本的相術書籍而大量吸收歐西相術的內容，形成了現代我國坊間流行的新式相術。

陰陽學——術數在古代、官方管理及外國的影響

術數在古代社會中一直扮演着一個非常重要的角色，影響層面不單只是某一階層、某一職業、某一年齡的人，而是上自帝王，下至普通百姓，從出生到死亡，不論是生活上的小事如洗髮、出行等，大事如建房、入伙、出兵等，從個人、家族以至國家，從天文、氣象、地理到人事、軍事，從民俗、學術到宗教，都離不開術數的應用。我國最晚在唐代開始，已把以上術數之學，稱作陰陽（學），行術數者稱陰陽人。（敦煌文書、斯四三二七唐《師師漫語話》：「以下說陰陽人謾語話」，此說法後來傳入日本，今日本人稱行術數者為「陰陽師」）。一直到了清末，欽天監中負責陰陽術數的官員中，以及民間術數之士，仍名陰陽生。

古代政府的中欽天監（司天監），除了負責天文、曆法、輿地之外，亦精通其他如星占、選擇、堪輿等術數，除在皇室人員及朝庭中應用外，也定期頒行日書、修定術數，使民間對於天文、日曆用事吉凶及使用其他術數時，有所依從。

我國古代政府對官方及民間陰陽學及陰陽官員，從其內容、人員的選拔、培訓、認證、考核、律法監管等，都有制度。至明清兩代，其制度更為完善、嚴格。

宋代官學之中，課程中已有陰陽學及其考試的內容。（宋徽宗崇寧三年〔一一零四年〕崇寧算學令：「諸學生習……並曆算、三式、天文書。」「諸試……三式即射覆及預占三日陰陽風雨。天文即預

定一月或一季分野災祥，並以依經備草合問為通。」

金代司天臺，從民間「草澤人」（即民間習術數人士）考試選拔：「其試之制，以《宣明曆》試推步，及《婚書》、《地理新書》試合婚、安葬，並《易》筮法，六壬課、三命、五星之術。」（《金史》卷五十一・志第三十二・選舉一）

元代為進一步加強官方陰陽學對民間的影響、管理、控制及培育，除沿襲宋代、金代在司天監掌管陰陽學及中央的官學陰陽學課程之外，更在地方上增設陰陽學課程（《元史・選舉志一》：「世祖至元二十八年夏六月始置諸路陰陽學。」）地方上也設陰陽學教授員，培育及管轄地方陰陽人。（《元史・選舉志一》：「（元仁宗）延祐初，令陰陽人依儒醫例，於路、府、州設教授員，凡陰陽人皆管轄之，而上屬於太史焉。」）自此，民間的陰陽術士（陰陽人），被納入官方的管轄之下。

至明清兩代，陰陽學制度更為完善。中央欽天監掌管陰陽學，明代地方縣設陰陽學正術，各州設陰陽學典術，各縣設陰陽學訓術。陰陽人從地方陰陽學肆業或被選拔出來後，再送到欽天監考試。（《大明會典》卷二二三：「凡天下府州縣舉到陰陽人堪任正術等官者，俱從吏部送（欽天監），考中，送回選用；不中者發回原籍為民，原保官吏治罪。」）清代大致沿用明制，凡陰陽術數之流，悉歸中央欽天監及地方陰陽官員管理、培訓、認證。至今尚有「紹興府陰陽印」、「東光縣陰陽學記」等明代銅印，及某某縣某某之清代陰陽執照等傳世。

清代欽天監漏刻科對官員要求甚為嚴格。《大清會典》「國子監」規定：「凡算學之教，設肄業生。滿洲十有二人，蒙古、漢軍各六人，於各旗官學內考取。漢十有二人，於舉人、貢監生童內考取。附學生二十四人，由欽天監選送。教以天文演算法諸書，五年學業有成，舉人引見以欽天監博士用，貢監生童以天文生補用。」學生在官學肄業、貢監生肄業或考得舉人後，經過了五年對天文、算法、陰陽學的學習，其中精通陰陽術數者，會送往漏刻科。而在欽天監供職的官員，《大清會典則例》「欽天監」規定：「本監官生三年考核一次，術業精通者，保題升用。不及者，停其升轉，再加學習。如能黽勉供職，即予開復。仍不及者，降職一等，再令學習三年，能習熟者，准予開復，仍不能者，黜退。」除定期考核以定其升用降職外，《大清律例》中對陰陽術士不準確的推斷（妄言禍福）是要治罪的。《大清律例・一七八・術七・妄言禍福》：「凡陰陽術士，不許於大小文武官員之家妄言禍福，違者杖一百。其依經推算星命卜課，不在禁限。」大小文武官員延請的陰陽術士，自然是以欽天監漏刻科官員或地方陰陽官員為主。

官方陰陽學制度也影響鄰國如朝鮮、日本、越南等地，一直到了民國時期，鄰國仍然沿用着我國的多種術數。而我國的漢族術數，在古代甚至影響遍及西夏、突厥、吐蕃、阿拉伯、印度、東南亞諸國。

術數研究

術數在我國古代社會雖然影響深遠，「是傳統中國理念中的一門科學，從傳統的陰陽、五行、九宮、八卦、河圖、洛書等觀念作大自然的研究。……傳統中國的天文學、數學、煉丹術等，要到上世紀中葉始受世界學者肯定。可是，術數還未受到應得的注意。術數在傳統中國科技史、思想史，文化史、社會史，甚至軍事史都有一定的影響。……更進一步了解術數，我們將更能了解中國歷史的全貌。」（何丙郁《術數、天文與醫學中國科技史的新視野》，香港城市大學中國文化中心。）

可是術數至今一直不受正統學界所重視，加上術家藏秘自珍，又揚言天機不可洩漏，「（術數）乃吾國科學與哲學融貫而成一種學說，數千年來傳衍嬗變，或隱或現，全賴一二有心人為之繼續維繫，賴以不絕，其中確有學術上研究之價值，非徒癡人說夢，荒誕不經之謂也。其所以至今不能在科學中成立一種地位者，實有數因。蓋古代士大夫階級目醫卜星相為九流之學，多恥道之；而發明諸大師又故為惝恍迷離之辭，以待後人探索；間有一二賢者有所發明，亦秘莫如深，既恐洩天地之秘，復恐譏為旁門左道，始終不肯公開研究，成立一有系統說明之書籍，貽之後世。故居今日而欲研究此種學術，實一極困難之事。」（民國徐樂吾《子平真詮評註》，方重審序）

現存的術數古籍，除極少數是唐、宋、元的版本外，絕大多數是明、清兩代的版本。其內容也主要是明、清兩代流行的術數，唐宋或以前的術數及其書籍，大部分均已失傳，只能從史料記載、出土文獻、敦煌遺書中稍窺一鱗半爪。

術數版本

坊間術數古籍版本，大多是晚清書坊之翻刻本及民國書賈之重排本，其中豕亥魚魯，或任意增刪，往往文意全非，以至不能卒讀。現今不論是術數愛好者，還是民俗、史學、社會、文化、版本等學術研究者，要想得一常見術數書籍的善本、原版，已經非常困難，更遑論如稿本、鈔本、孤本等珍稀版本。在文獻不足及缺乏善本的情況下，要想對術數的源流、理法、及其影響，作全面深入的研究，幾不可能。

有見及此，本叢刊編校小組經多年努力及多方協助，在海內外搜羅了二十世紀六十年代以前漢文為主的術數類善本、珍本、鈔本、孤本、稿本、批校本等數百種，精選出其中最佳版本，分別輯入兩個系列：

一、心一堂術數古籍珍本叢刊

二、心一堂術數古籍整理叢刊

前者以最新數碼（數位）技術清理、修復珍本原本的版面，更正明顯的錯訛，部分善本更以原色彩色精印，務求更勝原本。并以每百多種珍本、一百二十冊為一輯，分輯出版，以饗讀者。

後者延請、稿約有關專家、學者，以善本、珍本等作底本，參以其他版本，古籍進行審定、校勘、注釋，務求打造一最善版本，方便現代人閱讀、理解、研究等之用。

限於編校小組的水平，版本選擇及考證、文字修正、提要內容等方面，恐有疏漏及舛誤之處，懇請方家不吝指正。

心一堂術數古籍 珍本／整理 叢刊編校小組

二零零九年七月序

二零一四年九月第三次修訂

眞人眞事●不可思議

命相談奇

齊東野著

一九六三年八月十日初版

命相談奇

定價港幣一元六角

著作者：齊東野

出版者：宇宙出版社
香港活道十四號六樓

發行者：長興書局
香港大道西三〇五號
電話：四三〇五一六

遠東文化有限公司
星加坡厦門街十九號

承印者：同興印刷廠
香港灣仔厦門街二十三號

命相談奇

齊東野著

香港宇宙出版社印行

目錄

一　林森的奇運

少時對於「死生有命，富貴在天」這句話老是不相信，總以爲人爲萬物之靈，一切都可以自主，別人可活七十歲，我們也可以活到七十歲，別人可以發財、做官，我們也可能發財做官的，此種不相信命運和天理的思想，可以說每個年輕人都有；大約要到三十歲以後，生活經驗多了，才慢慢地開始相信人生確有命運之事。

記得一九二七年（民國十六年）夏末秋初的時候，我因事由上海到福州，因爲我父親與國民政府主席林森先生是朋友，臨行時囑我到了福州要去看看子超叔，（林先生號子超，他少我父親一歲，我們兄弟都稱他爲子超叔）那時子超先生雖然曾任福建省長，也於孫中山先生逝世後在北平担任過國民黨的西山會議派主席，而此時却是一個決心歸隱的老人了。

那時候他是獨自住在距離福州約須行走三小時小輪船才能到達的，一個福建出產有名醬油的琯頭地方，著名的風景區山上的青芝寺裏，我從福州乘坐小輪船到琯頭，再改坐轎子上山，約一小時才到青芝寺，那地方風景實在好，山雖不高，寺雖不廣，而奇巖怪石古樹叢竹，環抱幽雅古樸的青芝寺，寺畔有園庭，有花草，林中有鳴禽，有風聲；山上有溪澗，有流泉，而俯瞰山下，又有邨莊似錦，閩江如帶，再縱目一望呢，風帆沙島，海天一色，更使人有世外桃源，超絕塵寰之感了！

我抵寺門後，由一僮子帶我到巖邊花棚下見過林先生，「昔日兒童皆長大」，他幾乎認不出我了，幾句寒暄之後，他帶我入寺飲茶，茶畢，又帶我去參觀他所自建的「林森埋骨塔」。那時，他已是六十歲的老人，而我才二十多歲，他似乎對自己的埋骨塔頗有興趣，而我則對此毫無表情。他對我說，他很盼望從此不再出寺門，直到走進此塔。

很奇怪的，那天晚上我宿在寺中，有位前兩天來看林先生的老朋友唐先生，與我同房；談話中，他竟然告訴我說，林先生他日不會葬在那塔裏，更不會死在這山中，他說他能算命，他看過林先生的八字，還有二十年比過去還要好的後運。我不信，我反駁唐先生說，一般人都能夠實現自己的計劃，難道像林先生做過大事的人，而且實行隱居此地的人，反不能實現自己的計劃嗎？

唐先生對我堅定地說：「人生奧妙就在此，越平常的人，越能夠自主，越不平常的

人，越不能自主。」他繼續解釋說：「理由很簡單，平常人的一切都是平平常常，所以容易實現，容易自己做主；非常的人，一切計劃，遭遇都是不平凡的，所以不容易實現，也難於自己做主。」他再剴切地舉例說：「這不是說非常人反而沒有自主的才能，而是因非常人有他的非常命運，使他不能作平常的事；舉例說，一個窮苦的人，每天都能自主在家裏吃他自己所預備好的粗飯淡菜；但一個在社會上有交際的濶人，今天有人請，明天又有人請，他就不能自主地在家裏吃飯了。」

這比喻倒使我有些相信人生確有此種情形。他又告訴我說，子超先生是同治六年正月初一日午時生，八字是丁卯，癸丑，庚戌，壬午，所以他要六十歲以後才能大發達。但我對這話又不相信；我以爲，我們中國歷史上的大人物，大都有的是年少登科，早歲就發蹟，而大多數也都在中年發達，到了年老還會走大運，是絕少的事，所以我懷疑這位唐先生大概要慫恿林先生出來活動，希望有「東山再起」的機會，自己也好謀一點差事做做，混混飯吃的。

於是我就進而問他：「依你看，林先生將來還有做省長那麽大的官嗎？」他搖搖頭說：「這倒又是一件很奇怪的事了！」唐先生閉一下眼睛，想了一下，「照林先生的八字和相貌來說，過去都已經做了省長，今後就不只省長。」「難道還要當國民政府的主席？」我就取笑地揷了一句。「是的！」唐先生說：「論命理他從六十四歲起，要當一國元首之尊十五年；但是，我們若就現有的人事論，現在主席是譚延闓，而將來呢，蔣介石、汪精衞、胡漢民諸人，又都在林先生之上，似乎又輪不到他，」唐先生又作結論說，「那末，最少也是當行政院院長吧！且看將來事實如何。」

我看唐先生越說越不近事實似的，就撇開這個問題，轉而問他，「你又從何地方斷定林先生將來不能埋骨於此地呢？」他說，他的命旣死於顯貴任內，便要舉行國葬了，何至葬此！」

後來的事實呢？一九三一年，林先生六十四歲，果然選任國民政府主席，直至一九四四年死於重慶任內，並舉行國葬。

二　胡漢民逝世・早已知情

一九三三年我在南京夫子廟舊書攤上看見一本東海徐樂吾著的命譜，（此書香港有翻印）其中都是古今名人的八字，每人一頁，簡單批算一生的盈虛，並斷明壽數。順手我就翻看看我所熟悉的幾個人，記得其中在某鉅公的命譜上，有這樣的批語：「甲辰運後，一切光輝，歸於黯淡！」又見在胡漢民的八字下批着：「丙子之歲，爲道珍重！」又見在胡適之八字之下批道：「五十四歲之後，其從政乎？」等斷語。因爲這所批的三幾個人的事，都是在一九三三年之後的，我當時雖然還不懂得算命，但對于算命之事頗有興趣，於是我就把它買下來，要看看將來這個人的事實是否應驗。

其中所擬胡漢民的「丙子」之歲，乃一九三六年，距我買書那年最近，只有三年時間。擬胡適之的「五十四歲」，合一九四四年。批某鉅公的「甲辰」運後，合是一九四五年之後。那時一九三三年，胡漢民還在國外休養，胡適之還在北京大學教學，而且他平日主張不做官；某鉅公也還高高在上，大權在握；當然要先看看胡漢民「丙子之歲」如何，依命書所預批的「爲道珍重」，就是「壽終正寢」的意思。

很快到了一九三六年，就是「丙子」之歲，那年我剛好在上海教書，大約是在春季裏，有一天看見報紙上頭號新聞是說，中央決定邀請胡漢民回國接任國民政府行政院院長之職。過幾天又登載胡氏已於某日由歐洲返抵香港了。當時我有許多熟人，以上海開人杜月笙、陳羣爲首，積極籌備歡迎。有一天我路過上海法租界善鐘路的正始中學，這學校是杜月笙爲董事長，陳羣爲校長，從路旁的竹籬巴可以看見學校的操場上，曾備好了許多歡迎的標語；還有一幅用白布黑墨畫的胡漢民的半身巨像，同時我也聽見到某某將要出任內政部長，某某將要出任上海特別市長等等。看那情形，胡漢民囘任行政院長，那是鐵定的了。於是我再打開那命譜看看，就想這一下徐樂吾的批命會批得大錯特錯了，因爲命譜上並沒有胡氏那年先「東山再起」，而「爲道珍重」，那一定是批錯了的。但是，事實果然非常的奇突，過幾天報紙又以特大號字登載，說胡漢民突然在寓所下棋時中風逝世了！這情形，實在不能不使我大感驚奇了！

三　瞎子談命．奇奇怪怪

抗戰前南京有兩個有名的瞎子算命，一個住在夫子廟附近，一個住在新街口附近。喜歡算命的人到過南京，沒有一個不去這兩家算算八字的。有一天晚上我們幾個朋友一齊到新街口那家去，本來晚上是不看的，由於我們朋友之間有位是南京在職人員，平時也常常帶朋友去看命，所以還肯特別通融開夜課，但只答應看兩人，因爲白天生意太好，精神不支，晚上需要休息。於是我們那晚本來有四個人要算，而只好讓給兩個明天要離開南京的先算了。

我們報了一個八字之後，就告訴瞎子說，這位朋友現在還在湖南長沙，很想來南京謀事，但不知今年驛馬動不動，能來不能來，謀事成不成。瞎子照例先算一算六親情形，說此君應是：「父先亡，母健在；兄弟四人，君身居末；妻少兩春……」說到這裏他不說下去，就問我們說：「你們知道不知道這位先生去年有沒有家庭不歡之事？」我們中間有人答說：「不知。」接着又有一個人插咀答說：「有的。我知道他去年確有不歡之事；但他不願別人知道，所以我也不欲把它說出來，只是可以告訴你，他去年確有其事。」

於是瞎子繼續說：「此君去年既有夫妻不歡之事，則今年此時當已離家數月，不會仍在家中，而且，他此時已有高就，官階當是荐任科長之類。」說到這裏，他便笑對我們說：「你們剛才說他現在還在長沙，但依我算來，此君四個月前已離家，而且不是由南向北，相反的，而是由北向南，所以我敢斷定此君四月前應從南京的東北向來南京，不是從西南向的長沙來南京。」被他這一說，我們就不好意思再胡扯騙他了，於是就承認他剛才說的「全對」，此君確係四個月前從徐州來的，現今在南京政府社會局任科長，接着我們就請瞎子再說下去。

「依我看，此君眼前有一件又喜又愁的事，不能解決；」他微笑說道：「今年他有『兩女爭夫』之象，他正在困惑於兩女之間猶豫難決。」

此時瞎子又問道：「我希望此君就在你們中間，讓我來問問他，好替他作個決定。」逼不得已，剛才插咀說他知道去年確有其事的那位朋友，就答說：「先生！對不起，我就是，請你多多指教！」

瞎子算命先生聽見我們中間有人承認「我就是」那個人，臉上顯得十分得意似的，表現自己已把這人的命算準了。接着他又再問：「請問這位科長貴姓？」「我姓石。」「噢，石科長！」瞎子說：「請你原諒，我剛才所說的都是憑命理說的，如有不對，請你直說，我們可以研究。」「你說的全對，儘管直說！」石科長面帶苦笑地環顧了我們在座的朋友，「既然是命中註定的，我就不怕朋友們見笑了！」他似乎替自己剛才說過的「不願別人知道」，作一個半道歉半解釋的聲明。於是大家便默然無聲了。

「我要先奉勸石科長一件事，」算命先生面上表情十分正經，「這是你的命中註定的：財多身弱，財又被合，妻美不貞，命中註定！」那時在座諸君，都有些不好意思似的，把石科長的家醜知道了。但瞎子依舊陸續直說下去：「你去年走掉的那位夫人，如果只少你兩歲的話，可能幸免離異，可惜你長她六歲，命中又相衝，所以難免了！現在呢，你千萬不可以爲『兩女奪夫』是得意的事，這爭艷的兩朵桃花，華而不實，凡是今年以前所交的女朋友，所結的婚，都是靠不住的，必須等到明年立夏之後，新交的女朋友，才能有成；而且要記住一事，配妻只宜少兩歲或三歲，更重要的不要貪對方美貌，這與你命中不宜，切記，切記！」

接着再算另一人潘先生的命。潘先生是上海時報駐京記者，他本來不相信命運之事的；但因去年他有一次在夫子廟一帶採訪社會新聞時，街邊有一位看相的，無緣無故對他說：「先生，我不收你錢，給你看看相好不好？」他以爲這是街邊江湖的姿態，不曾理睬他，然而，那看相的眞是太大胆了，竟然大聲對他說：「由今天起，二十一天之內，你若是家裏不死人，來打我的攤頭！」這一下，潘先生不能不回頭看他一下了。「是的呀，我已看準了你，就讓我借你做做廣告，你也何樂不爲？我也不收你的錢，如果我的話應驗了，你為我發一張通訊稿幇幇忙就算了；如果不靈，隨便你打我的攤頭也好，罰我請你一餐大菜也可以的。」原來最近三年來，潘先生每天佩着一個照相機常常在夫子廟一帶遊蕩，那位看相先生早已知道他是一位新聞記者的。

潘先生也聽出了他的口氣，心裏就想，自己的新聞記者既然他已明知了，那這倒不是一般走江湖的手法了，而且，橫豎二十一天的時間也不長，就和他說說也無妨的。於是潘先生就回頭走近他的攤位，笑笑地對看相的說：「你眞看準了我家裏要死人嗎？那末，二十一天以後之事我且慢說，現在讓我先問你，我的父母情形如何，請你先說說看對不對。」「好的，」看相的說：「你的父親年齡要大你母親十歲以上；但是，你的母親偏是先死；而且已經過世了的！」他停了一下，又端詳一下潘先生的臉孔，「你二十五歲那年上半年死母親；而今年　，就在這二十一天之內，該是尊大人福壽全歸的時候了！」潘先生點點頭，沒有說話，又因路邊的人圍觀的也太多了，就向看相的說一聲：「好的，改天再見！」就走了。好奇妙的，過了第十五天，潘先生接到上海家中電報，說是「父病重速回」！當晚他趕回上海，第三天他的父親眞的去世了。

這是去年的事，自從去年替那位看相先生發一次花邊新聞的通稿之後，他就開始注意關于命運之事了。在這一年多來，他從相書上和從精於此道的朋友中，也得知了關于看相的智識，比如說，兩隻眉毛高低不平的，就是父母年齡相差太大的相理；鼻樑上發白的，就是最近將有喪服的氣色之類；而且他也曾以此試驗論相，每能應驗，於是他就有時也爲着某些疑惑而跑進算命看相先生之門了。

前兩月，他曾到過夫子廟那一家瞎子算命處看過八字，算命說他兩個月後，也就是在這個月內，不是「大病一場」，便要「因傷出血」。因此他那天晚上要來問問這個新街口的瞎子算命，到底這個月是否不能幸免此事故；如果不能免，到底是「大病一場」呢，還是「因傷出血」呢？同時潘先生心中還有一種打算，如果能夠算準是上半月或是下半月，他就決定請他太太去探訪新聞，自己決心躲在家裏半個月，一方面爲着自己平安，一方面也借此試試看，是否可以用人力來挽回命運的註定，當然，他滿心希望能夠做到的。

於是他就把此種情形，此種計劃告訴算命先生，說是今天晚上來的目的只問這一事，別的不必算，請求算命先生特別給他算算看，讓他能夠逃過這一小災。

算命先生聽了潘先生的一篇計劃之後，就點點頭，微笑地說：「依命理來說，既是命中註定的，雖然可以將大事化爲小事，但不可能再將小事化爲無事；否則，就沒有命可說了。」接着，他照例替潘先生查查六親，對對時辰，之後，他說：「依我看來，這事當在這月的下半月發生；但不太嚴重，你不必太害怕！」「那末，據你看，確是免不了的？」潘先生說：「到底是大病呢，還是出血呢？」算命的說：「是出血，不是大病。」「什麽理由不是大病而是出血呢？」潘先生問。「那是很容易判斷的，」瞎子解釋說：「因爲你的刑尅時間非常短；若是大病，起碼要一二個月，而你上半月又是很好的，所以只是暫時出血而已。」

於是潘先生就覺得放心多了；既然是下半月，就決定躲在家裏兩星期，要用自己的聰明小心對付這所謂「命中註定」的變故。事前他把採訪新聞之事交托了太太，自己決定在這兩星期中，躲在家裏寫一些特寫的稿子。計劃安當了，就把房間裏所有可以使身體受傷的鐵器，諸如刀、針、鐵鋋之類的東西統統予以清理，移到房間之外去安放，因爲他從前曾聽過關于算命說某人某月「因傷出血」的故事，也像他今日一樣的要想法避免，結果躲在家裏守了二十幾天已平安無事，而最後幾天中，竟因爲看見壁上的掛鐘停了，他去開鐘，想不到因猛力開得太緊，突然「拍」的一聲，發條斷了，把玻璃打破，也把自己的面頰打破出血了。所以他就用一張紅紙，寫上「勿動」二字，貼在房中書架上一隻鬧鐘上面，決定在這兩星期中，讓他太太去開這鐘。

諸事都安頓好了，他就依算命所說的日子提前兩天不出門，在家裏過着這淸靜逃災的生活。當然他也會想到，自己本來天天都在外面東走西跑，會不會反而因爲躲在家裏不活動而生起大病的呢？所以他決定每天要散散步，並做一點柔輭體操，來活動活動體力。又因自己屋子太小，地方沒有活動的餘地，要活動，只有上天台去走走了；於是他開始每天飯後上天台散步半小時，潘先生這樣做法，總算夠周到了。但是，究竟人的聰明只能在常情常理之內，潘先生關在家裏半個月，依然不能達到他的目的。

本來身體出一點血用不着這樣嚴重的，但因潘先生認爲，既然在命中可以看出難免的「因傷出血」，那就恐怕非同小可的事了；比如，去年看相的說他二十一天之內要死父親，果然就在第十八天死了父親；所以他以爲能在命中相上表現的災難，必定是大事不是小事；而他的如此緊張也就難怪了。開頭幾天，以一個新聞記者關在家裏過着囚禁的生活自然十分難受，但過了幾天也漸漸慣了。

一天又一天地過去了，到了第十二天，他屈指計算日子只有三天時間他就可以宣告用自己的聰明計劃戰勝了命運的。那天天亮前下了一陣大雨，早餐時還是小雨不停，每天三次上天台散步的計劃首次被迫變更。太太也打算今天上午不去採訪新聞，留在家裏伴他半日，午飯後雨停了，太太勸他午睡，不要上天台；但他要照常上天台，說是能照常就不會有變故。大約半點鐘過後，太太在房中聽見他在上天台的鐵扶梯上面「哎喲」一聲，接着就是他從扶梯上面滾下來的聲音。太太奔出去一看，潘先生已跌在地下，一手撐住身體爬不起來，而額角已被鐵扶梯的扶手碰破血流！原來扶梯雨後濕滑，他穿的又是生膠底的拖鞋，自己也莫名其妙地一滑，就滾下來了。

好在那時候是冬天，身上衣服穿得多，所以身上還沒有什麽損傷，兩夫婦面對這事實又好氣及好笑，用棉花醮了紅藥水把傷口擦乾了，潘先生對着鏡子看看傷口，還勉强自鳴得意地說：「這還是靠我的計劃，才把大事化爲小事！」太太笑笑地接咀說：「如果能照我的計劃去午睡，連這小事都沒有，豈不更好了？」

下午，他叫太太再去問那位瞎子算命先生，「因傷出血」的事已經見了，是否就算了，如果就算了，他明天就要出門了。晚上太太回來回說算命先生的消息，說：「由昨天起這最後五天最緊要，頗有『禍不單行』之象，還需要足不出戶，而且謹愼飲食！」

事實上呢，當天夜裏，潘先生發現周身作痛，發熱、口乾，半夜請了醫生來打針吃藥，第二天又請了跌打醫生來看，原來身上東一塊發紫，西一塊發青，一共有九處之多，而且右腿內傷，連下床也不能了。晚上，潘先生還對太太說：「我早已知道，此事非同小可。」

四　汪精衛遇刺有相睇

我有個朋友張兄，以前在南京供職時，認識一位會看命相的朋友。但這位張兄是一個不相信命相之說的死硬派，每次在他的朋友家中一遇到那位看相朋友說起相理之事，必定爭到臉紅耳熱要由在旁的出來勸阻，才能罷休。惟是，這位張兄與那位看相朋友却有兩種同好：一是嗜飲酒，一是喜歡聽名人演說。他們倆都是住在中央黨部附近的湖北路，中央黨部的紀念週，如果輪到汪精衛、吳稚輝、張溥泉三人出席演講時，他們倆又一定並肩同座恭聽的。有天，他倆聽完汪精衛演講之後在歸途中，那位看相朋友就對張兄說：「汪精衛相貌眞是淸奇！堪當元首之尊！」張兄搭訕說：「當然哪！如果民國十四年我也當過國民黨政府主席的話，我的相貌恐怕比老汪還要清秀！」看相的說：「我不是說他以前的事，我看他以後還有機會當元首呢！」「元首！」張兄說：「這我絕對不相信！林子超雖然長他十幾歲會比他先死，但子超死了還有委員長，絕對不會輪到他的。你難道敢斷定林主席和委員長兩人的壽命都不會比老汪長麽？」「這的確是件奇怪的事！連我自己也想不通。」看相朋友說：「林主席的壽命當在七十五歲開外，而且是死於主席任內的；老汪的壽命在六十開外，而且也是死於元首任內的；我查過他們倆現在年齡，他們倆很可能是同一個年頭死的！這一點我委實有些想不通！」「哈哈！你今天也自認你的看相不通了！」張兄如此取笑他。看相朋友接着說：「只是想不通，並不是看相不通，想不通的還有一點：委員長的壽命當在七十歲開外，而且也是死於元首任內的！」「我眞不聽你這一套，越說越不通，竟然一國有三君了！」張兄接着說：「你不要說太遠了，你要我老張相信的話，就要說些目前能夠兌現的事給我看看！」「兌現麽？我剛剛所以提起老汪相貌的清奇，就是發現老汪近來氣色有變化；依我看，三星期之內，他必有一件重大的事故發生！」「眞的麽？且看你這次的胡說八道靈不靈！」

大約兩星期過了，有天下午老張跑到那位看相朋友家中去報訊說：「喂！你的胡說

八道竟然僥倖而言中了！老汪今天在中央黨部拍相時中了三槍！」

五　人中長一寸．得壽一百歲

漢朝有個官員東方朔是中國有名的滑稽人物，也是古代的幽默大師。那時國君是漢武帝，相信神仙命理之言，因為他做了皇帝就想長壽，好多多亨受天子的尊榮。他時常注意命中之事。當時雖然也有「命運」之說，但還沒有用生辰八字算命之事，所以他就逢人就問關于睇相的事的。

有一天東方朔上朝朝見漢武帝，剛好漢武帝昨天有個喜談黃帝老子神仙之說的，說他的壽命依相術看不會太長，但如能信奉黃老，修煉身體，則可以長生不老，漢武帝自己本來希望活到一百歲時就讓位給太子，自已再去學神仙，所以一聽這位黃老之徒說他依面相看，其壽不長的話，就很失望似的，問道：「你到底根據什麽說我壽命不會太長呢？」那人說：「依相術，看壽命以『人中』為準，」那人一面用手指指着自已面上鼻子下面，咀唇上面那條溝狀的「人中」說：「這人中長，壽命就長，這人中短，壽命也短。」漢武帝就問：「要活一百歲，人中要多少長呢？」那人答說：「要有一寸長，才能活一百歲。」那人去後，漢武帝偷偷地用尺把自己人中量一量，只有半寸多二分一。若以一寸一百歲計算，活不到八十歲就要嗚呼哀哉了！

於是漢武帝一夜不好睡，他恨自己的人中太短了；躺在床上，時時刻刻用手捫捫自己的人中，又用力地緊張咀唇，希望能夠慢慢把人中拉長到一寸以上，所以當第二天坐朝，看見東方朔時，因爲東方朔是一個聰明又而無所不通的人，就想問問他，關于人中長短與壽命關係之事，他問東方朔說：「我聽說，人中長一寸，得壽一百歲，有此事否？」滑稽的東方朔，聞言哈哈大笑失聲。漢武帝說：「你爲何如此大笑啊？」東方朔說：「臣聞皇上所言，就聯想到壽命長八百歲的彭祖，他的人中就長得實在好笑了！」

這一段話雖屬幽默之言，而人中長確是長壽之相，那是無疑的。漢武帝依自己的人中計算，在位做皇帝不能超過五十五年，結果，眞的他只在位五十四年就死了。長壽的相，除人中之外，下頷長和耳垂長也有關係，但以人中長爲最明顯也最可靠。

六、頭平濶額是福相

中國的相術，比命理之學早得多；命理乃以出生的年月日時爲根據，而相術則以人身主要的面貌爲對象。算命之事始於唐朝與韓愈同時的李虛中所發明，距今已有千餘年的歷史；而看相之術，則遠在周朝有個內史叔服的，就已精於此道了。叔服能相人，而有名的伯樂能相馬，也是周朝人，距今則有三千多年的歷史了。這兩人，一個相人，一個相馬，在當時都已聞名於時，可知此術在更早的古代就已有了的。

相術可分爲兩門：一門是看「形象」的，乃以面貌身體爲主；這是看一生固定的，如福壽貴賤之事。另一門乃看「氣色」的，以面部所呈現的氣色爲主；這是看一時變化的，如吉凶休咎之事。就一般言，乃以形象爲要；因爲這可以看出夭壽貴賤，關係一生福禍，比之臨時吉凶當更重要。

看面相的，自古就有一句代表福相的話說，「頭平額濶天倉滿」。因爲頭額是人相的首部，所以被重視了。民國初任大總統袁世凱和副總統黎元洪，都是以頭平額濶天倉滿出名的福相。前清慈禧太后不特相信命相，也畧知相術，據說她之所以看中袁世凱，重用袁世凱，就是由於袁世凱的頭平額濶被她看中的。黎元洪原是一個相當忠厚，而且沒有什麼了不起的才幹的，據說他就靠着那頭平額濶的福相。當時北平政界中曾傳說，黎元洪出生做周歲那天，有個和尚進去給賀客們看相，看了好幾位，都是平平常常的相貌，後來看了黎元洪的父親，和尚就對衆人說：「此君頭平額濶，自己雖不貴，而後代却必發達。」當時和尚並不知黎的父親就是本宅的主人，於是賀客中就把周歲的黎元洪和鄰居的兩個小嬰孩一起抱出來給和尚看，要和尚看看這三個嬰孩到底那一個相貌好。眞是奇怪，和尚竟然指着黎元洪說：「此兒頭平額濶天倉滿，將來出將入相，貴臨極品無疑。」於是全堂賀客都驚奇。

當時北平有人知道這故事的，曾把袁世凱和黎元洪兩人的相貌請教於相術的人，他們都說黎元洪雖不如袁世凱有權，却比袁世凱有福。果然不久袁世凱因稱帝被推翻而氣憤死了，黎元洪後來却又當臨時總統，所以「頭平額濶」確是主要的福相。

七　玉柱紋長爲元首

中國看相分面相與手相兩種，面相看面上各部位的形狀爲主，而手相則以掌中的紋理爲主。不過，中國的手相對於掌紋的研究不如西洋精密也比較科學化，所以今日研究手相的，大都以西洋爲宗，把中國的棄了。其實，中國手相對于掌中皮肉的佈置肥瘦，尤其是對於「玉柱紋」的研究，却也有比西洋獨到之處。所謂玉柱紋就是西洋的「事業線」，乃關係一生事業前途的。這條紋就是從掌跟接小腕處發起，有一條紋直接掌心中指方向衝去的。

這條紋在中國命相的故事上，有過有名的傳說。說是明朝宰相嚴嵩，有天遇到一位精於看相的術士，看了手相之後就對他說：「你之所以貴爲宰相，就靠這條玉柱紋深長接近中指節。」嚴嵩就問：「有沒人這條紋通過中指節？」術士說：「那就是至尊之相了。」第二日嚴嵩進宮時，就找機會看看嘉靖皇帝的掌紋，果然是透過中指節的。

後來嚴嵩大權獨攬時竟然野心萬丈，暗想篡竊大明的帝位。此時他記起從前術士曾說過，玉柱紋能通過中指節的就是至尊之相；那末自己要想做皇帝，必先將這條玉柱紋使其通過中指節才好，於是他暗地裡自己就用小刀慢慢把玉柱紋開上了。結果呢，這條貴相被刀一闢，成爲「破相」，不久被朝中忠臣們攻擊其欺君之罪，忠臣海瑞把嚴嵩用的金製尿壺頂在頭上朝見皇上，嘉靖帝覩狀驚怪，問道：「海瑞，你爲什麽把尿壺放在頭上？」海瑞奏道：「因這尿壺底下刻有我主名號。」皇上問道：「誰敢將我的名號刻在尿壺底下？」海瑞奏道：「此乃嚴嵩用的尿壺。」於是嚴嵩被放逐，其子下獄，最後嚴嵩餓死路上。

關于玉柱紋透過中指節，必定貴爲一國之尊的事實已無疑義。我有幾個朋友都曾親眼看到的，有的看見過袁世凱、黎元洪的玉柱紋的；有的見過曹錕、段祺瑞的；有人說大戰前日本某雜誌上，曾將希特勒的手紋登出，而其事業線之長，竟然衝過中指第二節的。至于我自己也曾看見過好幾位當過特任官的，他們的玉柱紋，也都是深長幾近中指節，現在我雖然還沒有朋友看見過蔣總統、甘廼廸總統的手紋；但我深信無疑，凡是當過國家元首的，他的事業線必定冲過中指節的，否則，相術就不會數千年來至今還存在着。

八　李濟琛陳銘樞的失敗

一九三三年，在福建省開幕的「人民政府」的主腦人物，李濟琛陳銘樞之輩事先曾在香港籌議。當時適有一位從印度學好相術的某先生返國，路經香港，李濟琛等因爲聽說這位先生相法高明，就托人請他到寓所來和他們看相。當時他們對看相先生說，他們要組織一個大規模的公司，經營國際貿易，看一看他們的氣色，商業前途是否有望。當時在座的尙有內定的「人民政府」首要多人，就說他們都是這公司的股東。相者看了諸人相貌之後，就問那一位要當公司的總經理？大家推說是李濟琛。於是，看相的詳細看了李濟琛的相貌之後就說：「你們好像不是想在本港開設公司做生意；因爲你們的驛馬都動了，不久都要離開香港到別的地方去的。」李等聽了這話，心裡暗地驚奇。在座的黃琪翔就解釋說：「是的，我們的公司規模很大，各處都有分公司，總公司設在何地現在尙未決定，所以我們也許還要分頭離開本港。」相者接着就說：「依我的就相論相，我們奉勸諸君不要做這生意；如果一定要做，就一定失敗無疑。」接着陳銘樞就問：「我們這公司大體都已決定了，事勢不能不做，現在只問可以做多久？」相者說：「依我看，開幕之後不出七七四十九天，恐怕就要關門大吉的！」李等不信。他們自計必定成功；而且，無論如何，一個政府的成立，總不至只有四十九天。不久，他們就都離開香港到福建，戲劇性的「人民政府」就在福州開幕了；所謂總理的李濟琛，也就是當時的「人民政府」主席了。事實上他們這生意做了幾久呢？從開幕到瓦解，一共只有四十七天！李等失敗時，此故事被公開登載於福州的人民晚報的副刊。

像這樣事實，如果當時李濟琛陳銘樞之輩，能夠相信命運，又曉得如何去把握命運的話，就要接納相者的話，放棄組織僞府的計劃，豈不是好，他們既然大體都決定了，還要去看相求自安，可見他們心中對其事已有懷疑。所謂「卜以決疑，不疑何卜？」可見他們當時也是被命運所支配了，所以雖有相者之言也無濟於事，以致就胡裡胡塗地袍笏登場，鬧成笑話了！像李濟琛陳銘樞之輩，集合許多都曾是叱咤風雲的人物，竟然同時都受了命運的支配，終於失敗！

九　多妻多夫的人

命相之事有兩個範圍：一個是關於「人事」的，一個是關於「禍福」的，人事的是指「父子、兄弟、夫婦」等六親說的；禍福的乃指「夭壽、吉凶、休咎」等變故說的。六親屬於「固定」的人事，禍福則屬于「變化」的事故；平常若是一切安詳如意，就不用去算命看相，都是到了自身或六親有事故時，才去算算命，睇睇相，問問吉凶的。

因爲命相之事有此兩類，所以命理上，也有所謂「妻、財、子、祿」四項的判斷：「妻、子」是指六親類，「財、祿」是指禍福類的。因爲人必先有了「夫妻」才有「父子兄弟」的關係，所以論六親，男人以「妻」爲主，女人以「夫」爲主，「夫宮」或「妻宮」好的，就是夫妻配合相宜、得力，家庭和睦有幸福，也就是此人基本上的「好命」了。

年青的時候，我也和一般年輕人一樣，不相信命運的事。有一天，有個同學告訴我說，他的父親有位朋友的兒子剛從日本留學回來，因爲他父親十分相信命運，而那位日本留學生却十二分不相信；所以他的父親明天要拉那位朋友孩子去算命，看看算得靈不靈，也看看那位朋友兒子信不信。同學和我爲着好奇，就决定明天一起去，看看算命到底是什麽一囘事。

那家命館招牌叫做「福吉星」，門口掛一牌子上面寫着「鐵板論命，以書爲憑」。原來他們是用好幾本手抄的命書，來客報了八字之後，他們依你要問何事，按號碼打開命書，把書中的斷語指給你自己去看。那位日本留學囘來的龔先生，那天算命的主題是「婚姻」問題；因爲他自幼父母就把他與他的一個長他三歲的表姊訂婚了，表姊又長得不好看，現在他留學囘來，父母要他結婚，他滿不願意，很想解除婚約，所以要試試看算命對這婚事有什麽判斷。

奇怪的，打開命書一看，頭一條是：「丙寅之歲，宜爾成家」；那年就是丙寅年。他不相信，再問：「若是今年結婚，配妻如何！」算命的再打開命書說：「妻長三春，命中註定！」他仍不肯信，再問：「若是前兩年結婚的話，應當怎樣？」好奇怪的，命書竟然這樣寫道：「不曾花燭，先做新郎。」這一下，龔先生便滿臉通紅了。

原來這位龔先生，前兩年在日本早稻田大學讀書時，已和一位日本下女實行同居了，這事誰也不知道，他一直瞞着誰，打算回國先謀到事之後，再和父母商量把日本下女接回來正式結婚的；那知他的父母，不等他謀到事，便要他和表姊完親。當算命先生把那條「不曾花燭，先做新郎。」給他看時，他突然面紅了。朋友的父親就用長者的口氣問龔先生說：「這到底是什麽一回事啊？」龔先生答說：「等回去再和你詳說吧！」

兩個多月後，龔不特遵從父母之命和那位大他三歲而又難看的表姊結婚，還要請託那位父親的朋友，用命中註定的理由，說是前兩年應當「不曾花燭先做新郎」，請他父母允許他將那位日本下女接回家做妾侍。本來他父母不肯答應，後來又替他到別家算命冉看過，同樣說此君命中有五妻，於是就答應了他。再後來此君一生果然有一妻四妾之多。

好像算命之事與我特別有緣，當我第二次到那家「福吉星」命館時又碰到此類同樣的怪事。那天我是陪一個朋友邱兄去的。鐵板神算照例先查對了六親，出生的時辰才算準確，否則六親就不對。查六親的時候，命書說我的朋友是「父有三妻，我身庶出。」邱兄默默無言，而我却笑了。我說：「今天到底會算錯了！」因爲我明知邱兄的父親只有一妻，而且他是獨生子，於是我就替邱兄問一句：「他到底有幾個兄弟呢？」算命又查看一下，說：「兄弟二人，我身居次，出繼。」「全錯了！」我說：「他並無庶母，且是獨生子。」算命的說：「錯了嗎？那是時辰錯記了。」「沒錯，一點也沒有錯。」邱君自己竟然這樣說。此事後來邱君告訴我，他確是出繼給叔父的，他的伯父才是他的親生父，他也確係父親第二妾侍所生的次子。這樣看來，原來一個人多妻之命，在兒女命中也可以看出來的！

看完了邱兄的命，我們還逗在那裡看看別人，剛好接着算的是幾個女人。其中一個女人問：「這命今年有無喜神？宜不宜出嫁？」算命的查了書之後笑笑地說：「有喜，有喜！出嫁，出嫁！」另一個女人問：「眞的有喜嗎？命中到底怎麽說的？」算命的又笑笑地問：「她本人在不在這裡？」她們說：「本人不在這裡，我們是代她算的。」

算命先生聽見說這位命中的女人不在那裡，便打開那本手抄的命書給他們看，我看見那種情形，知道其中必有妙處，於是也走向桌邊注目一看，啊呀！你想上面寫的是什麽？原來寫的七個字，是：「未出閨門先有子！」

「哎啊！眞是一切命中都註定了的！」她們都以驚訝的神情這樣嘆息。「沒錯嗎？眞是如此嗎？」算命先生也在驚嘆道：「旣然如此，只好將錯就錯，完成好事了！」

說到這裡，使我記起少時，在鄉下聽過一句話，這樣說：「兩年嫁三婿，無婿過新年！」據說這事是出於鄰鄉一個女人身上，那女人是一個有名的潑辣婦，有一天有個瞎子算命的走過她的門口，她就請他給她算命。瞎子把她的時辰八字扣算好了，就問她要問的什麽事？她說：「這命中的女人是我的表妹，還未嫁人，請問今年喜氣重不重？」瞎子把手指屈屈伸伸之後，就笑笑說：「少奶，請你莫見怪，我是照命理算的，」他繼續說：「你這表妹三個月以前已經嫁了人；但因她是一隻雌老虎，所以把那個男人嚇跑了，現在呢？她雖然又想嫁人了；可是，這隻雌老虎倒不好惹，恐怕她明年還要嫁；我敢斷她：『兩年嫁三婿，無婿過新年！』」剛說到這裡，「拍」的一聲，潑辣婦將手中半碗茶水向瞎子面上一潑，破口大罵道：「你這殺千刀的瞎子，算命就算命，爲什麽要罵雌老虎？我何曾咬你的骨頭啊？」於此可見，女人的多夫，有的並不是出於淫蕩，而是由於雌威嚇人。

有一位會睇相的朋友，因爲基督教徒反對看相算命之事，他就根據聖經上所記的一段故事，說耶穌原是一個精於看相的人。他的理由雖然有些曲解，而對於女人多夫的事却也有命中註定的意味。那故事是說耶穌有一次走到聖瑪利亞地方向聖利瑪亞婦人要水喝；婦人原不肯給他水，耶穌對婦人說：『凡喝這水的，還要再喝；人若喝我所賜的水就永遠不渴……婦人說：先生，請把這水賜給我……耶穌說：你去叫你丈夫也到這裡來，婦人說：我沒有丈夫。耶穌說：你說沒有丈夫，是不錯的；但你已經有了五個丈夫……婦人說：先生，我看出你是先知。』雖然耶穌不是靠看相，而婦人的多夫，是從婦人身上看出來，倒也是眞的。

十　天羅地網逃不過

亡友林赤民君，是老革命黨，也是日本留學生。平日爲人謹愼，不相信命運之事，他常常對一般相信命運的朋友說笑話：「你們有什麽不好的命，都拿來讓我替你們改造，我們的『革命』意義，就是要把舊的、不好的命運改革改革的！」這理論倒是也有一點埋由的。

有一年他準備從廣州搭船先去廈門再去上海，同行中有一人相信命運的何君，對他說，前兩年他看過命，說是今年冬天有牢獄之災，而現在就是冬天，所以他不想動身，要等過了冬天，明年春天去。林君當然不相信他的話，硬要他同行，說是此次到厦門上海去，毫無理由會發生牢獄之災的事。但此位仁兄不放心，提出一個條件，要把林君的八字拿去算命，如果林君命中吉利，就和他同行，如果也不吉利，就不走。林君自信不會發生事故的，就給他八字去看。奇怪的，八字批回來却也說：「小寒之後，立春之前，天羅地網，愼之愼之！」可是，命雖這樣說，而林君仍不相信。他就和何君商量，只要何君陪他到厦門，不要他去上海，那末船期準的話，小寒前後就可以趕回廣州的。何君自己也想，厦門是他很熟的地方，政府中高級人員如警察局局長之輩也都是熟人，想不至於在厦門會有什麽事情的，於是就勉强答應了。

由小寒到立春有三十天的時間，他們本來計劃小寒前七天可以動身的；但因當時船期常改變，動身那天已是小寒後兩日了。開船後，一帆風順，預算明天就可以到達厦門了。眞想不到所謂「天羅地網」，竟然就在船上發生！半夜裡船在海上竟然碰到陸海豐的海盜，把輪船騎劫而去，林君、何君還有同行的一共五人，同爲堦下之囚，直到立春交後，才花了錢從匪窟中贖囘來的。

從那次起，林君相信命運了。後來住在上海，差不多遇到算命就算命。有一次算命說他某年家中人口不安，但他自己和太太的八字那年却沒有什麽不大好，於是他就拿他的才十二歲的小孩子命去看，果然，在這兒子命上看出十六歲那年會有「災難」；但什麽災難，却看不出來，只知道並不是什麽「疾病」，而是犯「官非」。他倆夫婦心想，這個孩子雖然自幼就很頑皮，但過了四年才滿十六歲，諒也不至於有什麽了不起的大事的。

十一　保鏢被殺災難難逃

一個自幼頑皮的小孩子，雖然年紀大了也會慢慢改變，但到了十五六歲時，却是頑皮達到最高峯的時期，上篇所說的亡友林君那個小孩也不例外，那時候他正在學校裡讀書，時常和同學打架，甚至在路上用石頭投警察以爲戲，有兩次被警察抓去，要他父母去具保的，林君夫婦就想，這大概就是這孩子命中的所謂「災難」了。當然，到了十六歲那年，正月一開頭，就對他特別管教，放學後不許他再出外遊玩。

因爲林君是許汝爲（崇智）先生的好朋友，這小孩時常到許家去玩。當時許宅在上海爱文義路西摩路口，是一所花園洋樓，一家人都是熟人，也都知道小孩的頑皮，所以林君就允許這兒子到許家玩玩，免得在外邊闖禍。那知，人間之事時常出人意想之外，不去許家玩，還不至於闖大禍，去許家玩，反而闖大禍來。有一天這小孩子不知何事與許先生的保鑣吵起咀來。平日他在許家和保鑣玩得不對勁也時常吵架的，但那天不知是何情形，竟然拿了保鑣的手槍把保鑣打死了。雖然由於兩家的交情，同時小孩也還未成年，不至於判重刑，而命中所謂「災難」，所謂「人口不安」，却也夠靈驗了。

此事之後，朋友們都對命運之事有着驚奇的認識，因爲能在一個小孩子的命上看出災難，官非之事，眞是奇怪了。於是許多朋友中會算命的，都來查詢他們父子的八字作爲研究的資料。第二年，其中有個姓陶的朋友，對於五行生尅之學頗有深造，他把林君的八字研究之後，有天晚上冒雨跑來我家對我說，依他的看法，林君今年的命運比去年更壞。去年只是人口不安，孩子殺人，而今年他自己恐怕有「壽終正寢」之虞。那年林君只五十四歲，由于他平日保養好，身體健康，看過去只是四十多歲的人，而且平日也很少疾病，那情形不能使我們相信他會死亡的。

但是，依命理看，又不能不相信他那年確有比去年更不利的事。於是我們只好等着看了。眞是萬想不到的事，我們只和他兩個星期沒有見面，忽有一天得到電話，說他五天前突然得病，今天却在中山醫院去世了！林君是光緒甲午年年正月初八日卯時生，死的那年是一九四七年丁亥歲，研究命理的人，無妨把這八字排一排看看其中的奧妙。

十二　有驚無險奇哉妙也

好友傅東華，有一個當軍人的親戚翟君。此君可說是一個反對命運之說的死硬派的健將，他不信命運有註定之理，每次聽他發表反對命運的高談濶論時，常舉他自己所爲的事實作證說，他在剿匪時對於俘獲的匪徒，可以由他的高興要槍斃幾個就槍斃幾個；匪徒的性命不是受甚麼命運支配，而是受他個人的一時高興支配，那有命運之事？但他的太太却是他的對頭人，極端相信命運，每遇他遠行或行軍，必定替他算算命。有一次，他奉調到西北去。事先他的太太替他去算一個命，依算命先生說，他去了不出三個月還要囘頭，而且會遇到一塲危險。他的太太就勸他想法不去；他不依；由是，他太太再托一位會看八字的好友對他當面說：「再過十八天就是立夏，到了這節氣之後的三十天內，你會有官非之事，而且必受一場大虛驚？」「虛驚！」他連忙說：「既是虛了，何必再分大小呢？只要是虛我就不驚了！」他太太接着就問：「如果不去的話，這官非是否可免呢？」那朋友說：「照命理上看，做事謹愼些，可以把大凶化小凶；免是免不掉的！」由是這位朋友就對他說：「去，你還是要去；不過，我告訴你，發生事故時，無論情形如何嚴重，你千萬記住我的話，不要太慌張，自然會大事化小事，小事化無事的。」

沒有幾天，他就動身到西北去了。到了西北任職大約還不到二十天，有一天下午，他突然被警備司令部以最嚴重的情形把他逮捕去了。那時他的雙手是用鐵手梏反拷背着的。他知道情形很嚴重，但事出何因，莫名其妙。這時他記起了那位算命朋友的話「一場大虛驚」，「不要太慌張」等等，他心裡很鎭定。他又記起，前星期他爲公事上的接洽會到過這警備司令部的。他知道在這間拘留他的房間，隔一層板壁是衛兵辦公室，有電話。一會，他聽見電話鈴響。接着聽到電話上兩方在接洽關於他的事。大約由於電力足，對方說話，句句淸晰可聞。對方叫：「請劉值星官聽話！」「是！我就是。」這方答。對方：「某某在那裡麽？」這方：「是！逮到了，在這裡！」對方：「三點鐘正，把他送到刑場裡去！」「是！正三點鐘，曉得了！」

「刑場！」這可把他嚇得心亂了。他心想，到底犯了甚麼事，問也不問就把他送到刑場去呢？他看不到自己的手錶，就查問看守他的衛兵；說是二點四十分了。他想，再過二十分，他就要綁赴刑場，一命嗚呼了！這時他開始懊悔不聽太太和算命的話，弄得這樣悲慘的下場。一個人到了這個時候，求解脫的意念特別濃厚。他又記起那算命朋友的話：「照命理上看……免是免不掉的。」因而就只接受俗語所謂「生死有命，富貴在天」之說。由是他想，如果今天可以不死的話，此後一定相信命運的。此時大有相信命運太晚之慨！

一會他被押上了汽車。在汽車中他就對坐在他兩旁的衛兵說：「死，我們軍人是不怕的！但我想不到今天這樣不明不白的死！」兩個衛兵不理他，一聲不响。他急得無法就向衛兵問道：「請問兩位弟兄，今天是那位當槍手？」其中一位反問道：「你說的是什麼意思？」他說：「我希給我一槍畢命！」「請你不要誤會，你現在是到軍法處去問話的。」其中另一位衛兵這樣告訴他。接着他嘆了另一口氣說：「謝謝你倆的好意！不過，事到如今，安慰也是無用，還是希望你倆答應我的要求，讓我痛快的死掉！」兩個衛兵聽了在竊笑。有一位答說：「我們的話你偏不相信，等會你自然會明白的！」

不一會，汽車停下來了。他步下汽車，舉目一望，大門口上的木牌，寫的確是某某軍法處的字樣。衛兵押他進去，在號房裡簽上了簿子之後，他就由軍法處裏的衛兵押進一間候審的房中。進了房，碰到了兩位熟人。和他們傾談之後，才明白今天之事，乃是「某種的嫌疑」。同時，在半小時前此間軍法處也得到了一些有利於他的報告，大概經過問話之後就會沒事的。他一聽到「某種嫌疑」，驚魂已定；因爲他自己明白所謂「嫌疑」的由來。由是他就追詢爲甚麼他剛才在警備司令部時，電話中要說把他送到「刑場」去呢？這一追詢之後，滿肚子的疑雲愁雨，頓時開朗。原來這裏有一位三朝元老的副官，姓端木名叫「興常」的，警備司令部的老人，常把他的名字代表軍法處；剛才所謂「送到刑場裏去」，原來是「送到興常那裡去」聽錯的。

十三　大富無鼻不算富

民國初年曾任北洋政府財政總長的梁士詒，廣東三水人，當他爲財長，國人把他綽號爲梁財神。當時北洋政府中人，大都相信命相之事，而梁氏既被譽爲財神，精於命相的人士，莫不以梁的八字及面相爲說話及揣摩的資料。但是，根據他們的研究，無論依命理或相學，梁氏的命，貴過於富，甚至無富之可言，事實上也確是如此。

依相書說，論財以鼻爲準，大富之相，其鼻型有兩種：一種是「獅子」鼻，一種是「懸胆」鼻，而梁士詒的鼻型都不像這兩種。據親近梁氏的人說，梁氏幼時他家人曾請一個精於命相之術的僧人爲他看相批命。僧說此子將來大富大貴；但是，男命「妻、財」同宮，只怕「化財爲妻」，則財將不聚，而貴亦多變了。又說，當梁十八歲那年，有個看相的說他那年不宜結婚，要等到二十一歲得了功名（意即中舉人）之後結婚，則妻宮安穩，子宮亦佳；否則，妻妾雖多，子息欠美，且又洩財。於是當時京中研究梁氏命相的人，就設法取到梁氏少時的照相一看，果然他的鼻型與少年時有了變化，這則是根據「相由心生，相由心改」之說推定的。在命理上，財化妻之說，亦可成立。

事實上，不曉得爲着什麽，梁氏偏在十八歲那年結婚。而明年十九歲，果然中了舉人，因爲有了此種不宜先娶而先娶的毛病，所以後來因爲結婚三年未得子，就於二十六歲那年納妾；而奇怪的，納妾的第二年，妻生了長子，不滿月而夭折，這就完全應了那個儈人的論斷了。當時京中因爲根據梁氏的過去事實，就斷定梁氏的財長職位不久，主要的是鼻型不夠正確，至於妻子二事，因財宮不穩，子宮亦當隨之不美，理所當然，事實上梁氏也果如此，財長只任一年就改任租務處督辦；之後，政海浮沉，變化甚多。至於妻子方面，一生納五妾，喪三妾，生六子，喪三子，坎坷亦多。

古人把「富貴」二字表示富在先，貴在後，大有道理。就命相上看，以鼻看財兼看妻，也比看富貴更重要。大富的人，如果沒有大富的鼻，雖一時大富，甚至被稱財神，也不能保有他的財富。大富的鼻型只有兩種，即像「獅子」的鼻和像「懸胆」的鼻；非此，便是次富了。

十四　看相先生與官打賭

有一位浙江的朋友，告訴我一件關於看相奇妙的故事。這故事是他的姑夫親身的事也是他姑夫親口告訴他的事實。他的姑夫名叫邱全善，是浙江首府杭縣人，他是滿清末年的舉人。舉人本有「截取知縣」的資格，就是說，如有機會，他是可以被派去當縣長的。因為他以前曾當過六個月的代理知縣，所以他有一年大約在光緒末年，就在杭州候差，等待布司衙門「掛牌」（清朝制度，各知縣是由布司衙門發表的，從前發表任命叫做掛牌）。等差事的人每日無事可做，大都無聊得很，時常閑着無事就到杭州的商業區拱宸橋去逛逛。有一天他步過「善觀氣色」的攤位，有意無意地向看相先生望望。奇怪，那位睇相佬，早已在注視他了，一看見他走近攤頭，就笑笑地對他說：「恭喜先生，你的官運快亨通了！」邱全善當然明白這是跑江湖的人拉生意的姿態。但為着候差了幾個月還沒有一點好消息，忽然聽見有人對他說恭喜官運亨通，也不由得有動於衷。於是他靠近攤頭，裝起取笑的臉孔說：

「開玩笑也好，拉生意也好，不要說得太離譜；我根本就不是功名中人，那裏來得官運亨通呢？」想不到那位睇相佬，伸手拍拍邱全善的臂膀說：「先生，你是騙我不過的！」接着又得意地說：「今天我不要你一文錢，五天以後，我若說準了，請你發賞，若說不準，你來打我的招牌！」這時候，看熱鬧的人聚起來了，睇相佬又說：「說來也很奇怪，也難怪你聽了不肯相信；依我看你的氣色，紫光已經呈現，三天到五天之內布司衙門必定要掛你的牌，而且掛牌後當天或三日內就要走馬到任的，但因你的驛馬還沒有動的氣色，所以我敢斷定你，你的掛牌就在本府所在地的杭州縣。」他的話雖然說得響，而邱全善却不相信。因爲邱全善自己明白，掛牌或者可能，掛牌爲首府杭縣知縣那是萬無此事的，於是他不由得鄙笑地搖搖頭。睇相佬看他不信，又說：「請你不要搖頭，橫竪我有說在前，今天我不要你的錢，只要你賞我一張名片，五天之後我的話靈了，我到你衙門裏去賀喜領賞！」逼不得已，邱全善就拿出一張名片來，那時，攤邊觀衆都擠上去看名片。

古時的名片，紙色是大紅，大小與現在的大號航空信封差不多，上面只印姓名，每字約等於墨水瓶蓋那樣大，當然許多人都能看得到的。觀衆中，有一個年齒稍大的斯文人，特別搶先看他的名片，你想這人是誰？原來就是微服出遊而操有「掛牌」大權的浙江布政司老爺啊！當看相的對邱全善說什麽「三天到五天之內，布政司衙門一定掛你的牌」；「說不準，你來打我的招牌」時，他心裏想：「知縣掛牌的職權在我，你這看相的竟敢胡說八道，五天之後，包你招牌受打！」所以當邱全善交出名片時，他特別看得清楚，記在心頭，當晚他一回到家裡，第一件事就是拉開簽押桌的抽屜，取出那本候差的人名册，打開來從第一名第二名的一個一個看下去，看到第十六名，確然發現「邱全善」三字，他信手拿起紅筆，就在邱字頂上圈了三個紅圈。

第二天早上，杭縣知縣周天瑞由家裡坐轎子上衙門，路經小巷，在轉彎處，對面碰着巡撫大人的轎駕。照禮節，七品的知縣應當下轎在路旁站班的；那天偏偏在轉彎處碰到，當周天瑞發現是巡撫大人的轎駕時，已經來不及下轎了；在急得無奈何中，只好在轎上向巡撫大人鞠躬拱手作揖致敬了。兩把轎的對開的過去了，巡撫大人雖然不知剛剛過去的是什麼人，但從他的帽上頂載可以看出是七品小官，由是他就問隨員：「剛才是誰？」一下面回答：「是杭縣知縣。」巡撫大人一聽是杭縣知縣，「拍」的一聲，他在轎板上打了一下說：「馬上通知布政司，三天之內要把杭縣知縣換掉。」當巡撫衙門派人來通知時，布司老爺不在衙門裡，由主管人員接納巡撫的通知。那天布司老爺陪着一位由北京來的某皇族大人去游西湖，一早出去，晚上方囘來，湊巧得很，那天春郊微雨，天氣驟冷，布司老爺在途中着了凉，囘到家裡時，寒熱交作，臥床休息。衙門裡主管的人，當然不敢進擾，巡撫大人通知之事，預備挨至第二天再稟報。那知第二天布司老爺的熱度更高，而且有時更發「囈語」，調換杭縣之事，因而又擱下來。到了第三天，巡撫衙門來人對布司衙門主管的人，大發脾氣。說是大人吩咐的事，今天是第三天了，還沒有遵辦，豈有此理！

那位巡撫衙門派來的人去後，主管的知道今天布司老爺熱度仍高，病况嚴重。逼得無法，只好跑去稟告布司老爺夫人，把巡撫衙門派人來催的情形告訴夫人，問問她有何意見，知不知布司老爺平日有無提起他心目中要掛牌的人，也好先掛牌應付應付巡撫大人的命令。但布司夫人却搖搖頭，表示她却沒有聽見過老爺心目中有什麽人可以掛牌的，不過她說，要掛牌的，原有一本候差人的名冊，如老爺平日有意先掛誰牌，一定會在名冊上留下記號的。

於是他們就把布司大人的簽押桌抽屜拉開，把那候差人的名冊打開一看，裡面除各人的姓名、年齡、籍貫等外，最特別的就是在邱全善的名字上面加了三個紅圈。此時夫人和主管人看見了紅圈，都一致地認定，這就是布司大人所留下的特別記號了，於是就在他們兩人決定之下，即刻把邱全善掛牌爲杭縣知縣了。因爲要遵從巡撫大人所吩咐的日期，當日就一面呈報巡撫衙門，一面通知杭縣新舊知縣，要他們即日移交接任，不得有誤。

邱全善接到公文，覺得時間太過於怱促，立即跑到布司衙門來稟謝稟見；因爲照官規，必須先向布司大人稟謝稟見之後，才能去接任的。到了布司衙門，主管人對他說，今天政躬違和，你可先到任，過幾天再來稟見無妨。於是邱全善馬上準備當日到任接印視事。接印儀式行過之後，新任杭縣知縣邱全善第一個接見的登門賀喜的來客，想不到就是那天和他打賭的那位睇相佬。

杭縣知縣掛牌之後，布政司老爺的熱度開始減退。晚上，他的神志也很清醒了，夫人和主管的人，就把前天「掛牌」的事，由巡撫大人的吩咐，到發現名冊上的紅圈止，一五一十地告訴他。他聽了也一言也不發，臉上的表情是深沉、服貼，還帶有一些會心的微笑。夫人和主管見此情形也很得意，他倆心裡想，他們主張掛牌邱全善，正合老爺的心意了！

第三天，杭縣新任知縣來稟見時，布司老爺也可以見客了。在會客廳裡，一段官場儀式的「官腔」說完了之後，布司老爺笑對邱全善說：「你在拱宸橋看相那天，我也在場，我就因爲不相信你有這命運，所以無辜吃了兩天發高熱的大虧啊！」

十五　唐紹儀被殺命中註定

唐紹儀在七十歲那年，曾有一位會命相之學的朋友勸告他說，七十五歲後必須「韜光養晦」，以求「善終」；但他自認，以他的爲人而言，就是不韜光養晦，也必定善終的。在座有個親戚就問，要怎樣才算「韜光養晦」？那朋友說，必須到邊僻的鄉下，最好是深山裡，連警察也不會到的地方去。那時唐就以懷疑的口氣說：「難道像我這樣的人，到了這樣大的年齡，還會吃官司不成？」朋友看見他有些不高興的樣子，就不再說下去了。第二日，朋友就把唐的命運終局情形，告訴了他的親戚。

到了抗日戰事爆發那年他是七十六歲，上海不久淪陷，他想出來當傀儡。那位親戚就把前幾年那位朋友的話勸他。他說，他的一生命運都是自己造成的；如果不得善終，就是躲入深山，像我這樣大的年齡，走路也會跌死的，如果說我會吃官司，那我就更不相信，現在我若出來，我就是政府，一朝權柄在手，還怕什麼？由是他以「自恃」的心情，搬進上海虹口的新亞酒店與敵方接觸了。沒有好些日子，有一天，他在那華貴的客廳中，接見一位送古玩給他的客人；當他俯首去檢視那古玩時，就死在來客的利斧之下了！來人雖然不是警察，却是奉令執行的一個公務人員，事後唐的親戚把這事傳出來，大家都笑唐太自負了。

楊虎城在「西安事變」前一個多月，曾把他所想的事去算過命，也卜過卦。算命的說他在「大雪」之後，「小寒」之前將有一件大事發生。他問事的成敗如何？說是「雖敗猶榮」。他心裡想，那件事如果幹起來，只有成功才能榮，失敗那就絕無「猶榮」之理，所以在疑信參半中，再問他自己的安危如何？算者說，並無危險；且斷他的大壽尚有十三年才碰着一個難關，他聽見沒有危險，而且還有十三年的壽命，頗覺放心。至於卜卦上所顯示的，乃是「成則為王，　敗則為寇」之象，同時還有「獨力可成，合力反敗」之意。楊虎城本來是個很相信命運的人，就把此意於某一次與張學良共商大事時談及。他的意思是怕張學良會三心兩意，特以此事去刺探張學良的決心如何的。當時的張學良，野心勃勃，絕不會相信這一套；不知他對楊虎城怎麽說法，兩人就胡里胡塗地決定了西安的事變。

現在計算起來，西安事變的日期，正在那年大雪與小寒的二節氣之間；而先成後敗的事實，也和命卦上所說的相符。至於楊虎城何年死在重慶，雖一時記不清楚，想來和算命所推算也相去不遠。我們想，如果當時他們兩人不製造西安事變的話，就是他們命運裡有什麽波折，想以當年的張學良和楊虎城的地位，絕不至因什麽罪狀，而會吃這樣的大虧的！此亦可見，一個人的命運實有定數。

大約是一九三三年閩變的前一年，我在福州。那年福州南台地方有過一次大火災。到過福州的人，沒有一個不想念福州的溫泉的。在福州南台住過的人，也沒有一個不知道那家沂春亭澡堂的。在沂春亭旁邊，有一家卦舘叫做黃吉齋的，是福建全省聞名的靈卦。聽說黃吉齋是受傳於他母親，而他的母親則是受傳於「狐仙」的。黃吉齋的卜卦不特奇驗，而且奇怪。他在卦象中能夠看出你家中床位怎麽安排，竈門什麽方向，甚至天花板中有死的老鼠，地板下有舊的鐵器等等，無奇不有的，連住在屋裡的人自己也不知道的，而在黃吉齋的卦中却如數家珍，一一指出。

大火災那年，他於許多問卜中，看出他的卦舘一帶將有火災。由是他決定將卦舘他遷，而且以低廉的價錢把卦舘店面出讓。當時附近各店舘都莫名其妙。因爲他是卜卦先生，外間就謠傳他是由卦上看出不利，所以他遷的。恰巧沂春亭老板聞知此事，他不相信卦中有奇蹟，認爲此種好舖面竟然這樣廉價出讓，黃吉齋必因神經病發作，乃有如此糊塗。由是他就把黃吉齋的原址接頂下來。不幸得很，沂春亭的老板剛剛接頂沒有幾天火災便作了。不特那所黃吉齋的卦舖原址被回祿，連整個的沂春亭也付之一炬了！

像唐紹儀和湯虎城的事，乃八字中的命理，而像黃吉齋卦舘回祿的事，則是在卦象中臨時顯現的事。因爲我在福州時也曾到黃吉齋卜過卦，和他很相熟，所以後來聽說他遷了卦舘後，就回祿之事，就去他的新址看他，問他到底是否在卦中卜出他的卦舘會回祿。他說不是，而是在許多附近店舖老板來問卜中，看出他們都有「因火破財」之象，因而就想到那地方恐有火災了。據他說，這是屬於地方性的卦象。

十六　九死一生命中有救

抗戰初期，我的熟人柳彰德，被派去華北担任某種地下工作。當時華北有某些軍人與中央不睦，痛恨地下工作人員，不幸柳彰德及其同僚一共十二人，有一天都被當地的警備司令部逮捕了。他們雖然持有南京帶去的證件，但都被警備司令部沒收去，並硬指爲是「僞造」，不承認他們是工作人員，反誣指他們是潛入戰地的間諜，要處死他們。那天晚上，他們在獄中聽到看守的衞兵透露消息，說是他們明天一大早就要綁赴刑場槍决的。在無可奈何的情形下，這班青年人只好硬着頭皮，强作歡笑。於澈夜不成寐的說話中，也說到個人的死生命運等問題，這不過是死前的自慰而已。奇怪，談話中，他們竟然發現有一線的希望。那就是其中有一位姓蔣的，說他今年上半年由長沙到漢口時，在朋友家中碰到一位會看相的，說他在三天之內必有「無妄」之災。他不信，但事實上第二天晚上他到一家旅舘裡訪友竟然因爲二樓三樓記不淸楚走錯了房間，踏進了販賣烟土人的房中，而被房中的便衣警察抓去，吃了一天一夜官司。第三天他就上門去請教那看相的，問問他以後還有什麽災禍沒有？那看相的說他今年下半年，必有一次非常危險的災難，可說是「九死一生」；所幸命中有救，臨危之際碰到「貴人」，轉瞬之間，解危除厄。他說了這故事之後，十二人中有一位女同志姓郭的，竟然狂喜而下淚地說，她前三個月也算過一次命，看命的說她三個月後有一件重大事故發生；但勸她臨事不要驚慌，記得他的話，臨危有救，死裡逃生。

因爲他們兩人無意中在命運上有此共同的「預言」，由是他們在絕望中的希望就寄托於這預言之能實現。可是，當他們說到這問題時，已是天明前的三點多鐘，距離綁赴刑場不過兩三小時罷了。他們也想，論情理，他們不該這樣枉死，但能夠解救他們這危厄，只有南京方面的來人或者證明的電報；然而，他們一組的工作人員通通被捕，連發電南京去求救的人都沒有了，遇救的事，想來又很渺茫的。然而，人總是在無希望中找希望，他們因爲有此兩人同樣有命運的預言，就在這坐而「待斃」而又「待救」的情況下，一秒鐘一秒鐘地等待着、緊張着，希望得到救星，希望能夠把握住得救的機會。

但是，一秒鐘一秒鐘也過得很快，天色黎明了，救星看不見，他們絕望了！當他們被提出監房時，他們心裏在幻想：「也許南京有電報來，把我們釋放的。」但當他們被押到軍法處時，他們在剎那間則萬念俱灰了；他們敏感到那緊張的情形，他們嗅覺到那殺人的氣氛。片刻，他們也眼見那一堆備以綁紮「法身」的繩索，他們更目不忍睹地瞥見那十二條寫好他們名字的「刑標」：白布、黑字、紅圈。他們知道死期到來了！他們知道，一會兒到了刑場，「砰」的一聲，就要倒下去了！

在軍法處裏，驗明法身之後，除去手鐐換上背綁，插上「刑標」，像一羣趕赴屠場的猪玀，押上卡車，開向刑場。離開警備司令部時，天色漸明，路上景物行人都漸漸看得清楚，有些路人還在指着他們相告：「槍斃間諜！」

刑車是向着郊外走，將近及城垣時，好像隱隱還聽到與敵人作戰的炮聲。待斃的他們，原來是「萬念俱灰」的；但睹此情景，却又「百感交集」！他們雖然早置死生於度外，但想不到不死於敵人炮火，而偏死於最痛恨的「間諜」罪名！由是他們立刻義憤塡胸，對今日之死，萬分不平，他們想在臨刑之際有個表示，大概想大叫寃枉幾聲。

不一會，刑車走入一個甕城。隨着甕城裏的衞兵，指揮它停在路旁的空地，不許前進。片刻，城外似有很多汽車開來的聲音。從那前衞車的情形看，似是一個司令長官的駕車將要進城。他們十二人的二十四眼睛，都以全付的注意力來注視這位司令的過路。當那司令官坐車走近他們的刑車時，等死的十二人中，有一位姓穆的，突然向着司令車大聲叫喊：「孫總司令！報告：我們是南京軍委會特派來的……並不是間諜……請救救命！」原來座車裏是孫連仲將軍，正由前方督戰囘城。睹此情狀，就派一員副官過來查詢究竟。隨又將這位姓穆的帶到孫將軍面前去問話，姓穆的就把某次南京某公舘宴客席上所見的孫將軍情形，來證明他本人是南京某軍事機關的職員。孫將軍聽了立即相信這是「寃獄」，馬上叫副官傳令，着刑車開囘頭，一面發電南京，查明釋放。垂死的柳彰德等十二人，竟然得此機會於當天下午同慶生還了！命運，這眞是九死一生了！

十七　兩條貴賤怪命

算命乃以每個人的出生年月日時四個時間爲根據的。依此時間所排出來的八字，只有二十幾萬種；那末論理不同的命運也只有二十幾萬種才是。事實何以每個人偏各有不同的命運呢？比如說，每日世界上誕生的嬰孩計有若干萬，每日同時出生的一定很多，難道他們將來的命運也一定是同樣的嗎？事實又不盡同，甚至相差很大，這又何解呢？

這問題就原則上說，大體上是可能相同的，但不是完全相同。比如說，前幾年報上登載過美國有兩個人是同年同月同日同時生的，而一生却果然大體相同，一個是在政治舞台上有地位，一個是在銀行界有地位，而且兩個也是差不多的時候去世。當然也有完全不同的。從前也有過一件例子，使算命先生花了很多的時間才查出某原因來的。

那故事的情形是這樣。有一個負有盛名的算命先生，有一天他給人算了一個命。那個人那年已經五十六歲了，因爲他的老妻長他兩歲，重病危在旦夕，來算算命看看那年命中有無尅妻之事。他說從前有個算命的曾說他今年有尅妻之象，但又說如果曾經破大財，就可免尅，現在他願意破財，却無財可破，請問將如何能夠逃過年老失妻之事。

算命的先算出他是一個自幼就窮苦了的，而且從前曾尅過兩妻，都是難產身亡的。現在臥病床上的是他的第三妻，雖不是難產之病，確也有性命之危。再把他的妻子八字一看，斷定其妻之病亦與產科有關，當係十年前生育最後一個兒子時留下的病，至今發作。他就問：「依他的八字看，十年前生子的情形如何？今年到底能否渡過這難關？」他的意思要先試試看算命的能否看出十年前的情形，然後才可相信所說關于今年大難關能否渡過之事。

奇怪，算命的竟這樣說：「十年前胎死腹中，留下胎毒，如今發作。」這一句就把他嚇倒了。原來十年前確是如此，而最近病倒之時，延醫診治，也說她是從前的瘀血成瘤，非割治不可。於是他就再問：「那末如何是好呢？」算命先生說：「依你的八字看來，你並不是沒有財可破，而是捨不得破財。今日你如果想免尅妻之事，不特要破財，而且更重要的你要離家六個月至一年；否則，尅妻無疑，且又難免破財。」

那人聽了疑信參半，尅妻與破財連在一起，他是相信的；但要他離家半年至一年，這就難了，因為他有職業和財產關係，不能輕易離家的。算命先生看出他又信又疑的樣子，就索性把他命中的秘密說出：「依你八字可以看出，你是一個節衣縮食的人，三十二歲那年，你還沒有積蓄可以娶親，所以你頭一個妻子是霸佔別人妻子的，第二個也不是正式婚姻；而第三個就是現在病危的，也和頭一個的情形差不多，不過，此乃命中缺陷，無怪於你；既係命定，則今年你不宜與妻同住，所以說你要離家獨居，才可保全妻命。至於財產，你大概是一個鐵匠，長日守在爐火與五金之旁，本無發財之命，好在三十二歲後二十年，運行北方水地，水火相濟，在這二十年中，財運亨通，一帆風順。」

算命先生這一說，把他說呆了。一生的秘密，差不多都逃不出算命先生之眼中了。他的父親就是一個鐵匠，他的頭一個妻子確是霸佔鐵店鄰居的一個搖渡為業的妻子，第二個是寡婦；到了娶第三個時候，他是鐵店的老板了，又霸佔了店中伙夥的妻子。他看見算命先生竟然能夠把他的前途，如數家珍地說得清清楚楚，就問道：「我離開，她就可以不死嗎？」

「是的，你當于半月內離開她，必須完全分離，不能見面，試以三個月為期，如她的病况確有起色，則繼續分離，如有變症或並無差減，則隨你的便。」「那末，我既離開她了，不再尅她，她是否就不必進醫院去割治呢？」他這樣請問算命的，他滿心盼望不必就醫，就不用破財了。

「本來，我依命理看，你今年有尅妻之命，但就五行衡尅的情形看來，可以用分離的方法避免，也可以用破財的方法代替的；不過由于你命中今年又有破財惡運，所以還是送她去醫院，藉此一面轉移她的住所，醫治她的病，而一面也藉此破破你的財，這乃是雙管齊下的辦法。」算命先生最後又說：「如果在十四天內不分離，交入立夏，就太遲了，望你自己去決定吧！」無奈何，他只得聽從算命的辦法，結果，因爲他急速的離家，妻子又入醫院割治，店中生意自然也受了影响，破了財之後，他的妻子眞的割治經過良好，六個月之後也再團聚了。

像這樣算命的靈驗情形，原是平常事，本無足奇，奇怪的有一件事却于若干年後發現。這位負有盛名的算命先生，若干年後來了一個顧客，報了生辰八字後，使他愕然一驚。原來這個八字和前幾年那店老板的八字完全一樣。更可怪的，那鐵店老板已於去年過世了。去世前三個月病倒時，也曾托人請他替這病中的鐵店老板看看大壽如何。而他的斷語是：「五行已絕，難渡立秋。」而今面對這另一人的同樣八字將作何解呢？同樣的八字，是二十幾萬分之一，當然很難碰到，而現在這位算命先生却碰到了。

由于這位顧客是一個斯文人，而自己又是一個有名的算命先生，就先向那人問明關于六親之事。好奇怪的發現，這人和那鐵店老板相同的是六親關係，而不同的則是個人福祿，兩人尅喪父母及尅妻的年齡相同；惟此人雖也結婚三次，却都是正式的；而其第二個則是妾侍，此亦不同，尅喪妻妾之年也相同，但不是死于難產。五十六歲那年他一年多在外，所以他的妻子並無大病之事。還有一件相同的，鐵店老板三十二歲那年覇佔別人妻子，也從那年起行運，開始財運亨通；而這位先生則三十二歲結婚後六月榮任江蘇皋如縣長，以後一帆風順，連任江蘇各縣縣長二十五年之久。

就命理說，既然兩人有許多相同，尤其是六親方面的相同，那就是說明他們兩人的八字是正確不差的。既然八字不錯，六親相同，而關于個人福祿之所以不同，就如那個鐵匠一生爲鐵匠，而這位縣長一生爲縣長，這就另有其原因了。這原因何在，是一個非常重要的問題了。這位算命先生當然不會輕易放過這問題。於是他先就兩人的八字一貴一賤的不同的理由作一假設；就是如何能使鐵匠的命運變爲縣長的命運的問題。他以前看鐵匠的八字時，因爲那八字是火太旺，缺水調和，所以命賤運蹇了，若假設這八字中有水，那就會變爲「病中有藥」的好八字了。

於是他就想，這位縣長之所以能夠爲縣長，必定得到水的幫助，八字中既缺水而又要有水幫助，一種是他的父母屬水旺的八字，一種是他出生後居住有水的地方。但是，經過查詢縣長，他的父母八字並非水旺，而自己也不曾居住水邊。

算命先生奇怪了，他摸不出理由了。他也曾就他兩人的父母職業上研究，本來父母職業與兒子的後天命運有關，而與兒子先天的命格無關係的。現在姑就此點去研究，也得不出理由。因爲鐵匠的父母親雖然也是鐵匠，而縣長的父親也不過是一個小商人。於是算命先生就請這位縣長介紹認識他的父親朋友及長輩親戚，問問關于他父母生前的情形，有無行善積德的關係，論命理，「相由心生，相由心改。」本人行善作惡可能改相，而父母行善雖然可以福蔭子孫，却不能改變子孫的八字的。調查的結果，也並無積德的關係。

過了好久，有一天這位縣長跑來告訴算命先生說，他前幾天到鄉下去送舅母的葬，見到八十九歲的舅父，談起命運的事。舅父告訴他說，他的名字之所以名叫「高生」，又別號「既濟」，原來是紀念他出生的情形的，他是江蘇寶慶人，父母結婚第三年，因父親在揚州做生意，有一次就搬家到揚州。那時他母親正是懷孕他而且已經九個月了，恐怕到了揚州無人照顧產後的家事，舅父和舅母就由鄉下陪同母親到揚州去。由寶慶搭運河的小船南行，有一天夜裏，船快到高郵的時候，大概由於船上搖擺關係，母親突然肚痛，他就在船上出世了。好在他是第二胎，母親很順產，連夜把船泊岸，到高郵岸上購備了許多月裏應用的東西，又隨船南行，所以後來就把他取名「高生」，又號「既濟」了。

算命先生一聽了這消息，十分喜慰，認爲這是命理上一個重要的說明。於是他又去調查那位鐵匠出生的情形。不久也得到那已有一百多年的老鐵舖鄰居老人報告說，那鐵匠的父親原是這鐵店的徒弟，由于家貧，妻子生孩子時是冬天，鐵店工作忙，就把妻子接到店中來住，所以當鐵匠出世時，正是鐵店裏爐火熊熊，打鐵的時候了。

好了，這命理上變化的問題得到解決了，因爲那天夜裏戌時出生的人，五行中燥火太旺，既無金洩其氣，又無水潤其炎，鐵匠在鐵店爐火邊出世，就燥上加燥，所以命苦了。而那位縣長呢，他出生于水中船上，四面是水，五行中的燥火就得到潤濕了，這就是命書上所謂「病中有藥」的貴格了，所以八字完全一樣，若是出生地點不同，其命運很可能大不相同的。

十八　相君之額

少時有一次在北平一個親戚家中宴會席上，第一次看見睇相奇妙精確，使我對於相術留下極深刻的印象。有一天是中秋節前一日，我隨家中大人到王府井大街親戚家中吃壽酒。上席前有人說今天有位鮑二爺會來，來客中有人認識鮑二爺的就奔走相告，當做一件好消息。我年少，只想這位鮑二爺一定是位大官員，也希望看看大官員威儀豐采。想不到坐席的時候就在這一桌空下兩席，說是留給鮑二爺。兩兄弟來了，他的弟弟人家稱他為鮑四爺，兩人就被招待坐在我這一桌的上座。他是一位長髯的老人，一身樸實無華，入座時旁人也不會對他起立表示敬意；雖使我立即判定他不是一位官老爺，但到底是什麼人呢？正疑念間，席間有人十分客氣地對他說：「鮑二爺，今天難得機會，要費你的神，請給我們幾個人看看相，可以的嗎？」

「看相？」鮑二爺說：「這不是看相的地方，人這樣多，看不好的。」以下他們說什麽話我幷沒有注意了，因爲我只一聽到「看相」二字，就高興極了；我聽說看相之事好久了，但從來就沒看見過看相到底怎麽看法，今天這位鮑二爺原來是看相先生，讓我有這好機會看見如何看相，眞是好極了！於是我逗起精神，等待他和人家看相。

「熟人不要看，我要看生人；」鮑二爺又補充說：「只能看三個人，因爲人太多，說話不方便。」他說話的聲音很輕，有意不欲別的桌上客人聽見的。於是坐在我對面的方先生，就把他的左邊一位大約三十歲的年青人，介紹給鮑二爺，說：「這位是我的世姪，姓宋，請二爺先給他看看前運如何？」

鮑二爺只看了那人一眼，便說：「相君之額，祖宗積德；」又眨了一下眼說，「但是，你祖有德無財，所以你自幼就家貧如洗，窮苦力學；直到二十二歲上半年，慈母去世，自己又生一場大病，二十五歲下半年結婚，妻賢而且美，二十六年下半年，財喜並臨，得官得子；但官雖不大，乃祖德所積，並非自謀。」

說到這裏，鮑二爺不再說下去了，大概這就是所謂「前運」了。「二爺，多謝你，你說的一點也不錯，眞是神相！」宋先生向鮑二爺道謝之後，方先生接着說：「請二爺再給他看一看明年如何？」

鮑二爺再看看宋先生的臉孔，就問：「你今年大約是三十歲了嗎？」「是，三十一歲了。」於是鮑二爺又說：「你明年官運平平，無何發展；不過，上半年有喜，當是得男，至于官運，須至後年秋後，升遷有望。」說到這裏，方先生插咀說：「這樣看來，宋太太現在該是有喜了的！」他一面看看宋先生，等待宋先生的答覆。宋先生笑笑地點點頭，於是全桌的人都驚嘆鮑二爺眞是談相如神了。

一會又給一位年約四十歲的中年人看，那人自己介紹說：「敝姓邢，河南人，今年四十二歲，費神二爺，前途只要說一二事就可以，請二爺多指示後運如何。」

「相君之額，少年運蹇；不特家庭坎坷多事，而自身也難免災難重重。」鮑二爺開頭這句話，已把這位邢先生說得站了起來，雙手捧着酒杯，畢恭畢敬地，對鮑二爺鞠一個躬，說：「二爺，謝謝你，這是我的敬意，你把我說對了！」於是鮑二爺又繼續說：「你的祖先與宋先生不同，你的祖先直到你父，都是出身寒微對你毫無福蔭；而你當在二十八歲以後才靠着自己白手成家的。」在座有個邢先生的親戚，插咀對衆人說：「一點也不錯，我是他的表叔，他家和他個人的事，我知道得很清楚的。」接着又對鮑二爺說：「請二爺看看他三十八歲那年是好是壞？今年起，後運又如何？」鮑二爺的眼睛就向邢先生的面孔從鼻看到下頷，他搖着頭微笑地說：「三十八那年尅妻無疑；但有一事我不敢斷言，似又有喜，難道你當年就續絃？」

這時大家都注視邢先生，等待他開口；他還未開口，而他的表叔却先說：「是的，他那年四月太太難產死掉，孩子又平安；家裏還有三個六歲到兩歲的小孩，無人照顧，所以沒有過年就續絃了的，」鮑二爺聽了點點頭，一手在輕弄自己的長髯，又對邢先生的後運作這樣的斷語：「我不知你的上代做的是什麼事；但我可以看出你的上代在你身上並無積德，所以你今後務須積德；否則你五十一歲那年大難難逃！」鮑二爺說完了就輕聲問邢先生的表叔：「他的上代做什麼事可以說的嗎？讓我知道也好作個參考的。」

「可以說的，那是上代的事，與他本人無關。」表叔說。

於是大家都在側耳靜聽表叔細說邢先生上代的事，表叔跟着說：「我的親戚，滿淸時代就在獄裏當劊子手的，因爲當時這是一種世襲的職業，所以到了他的父親已是三代了，有一次他父親帶他進監獄去看行刑，這也是世代學習的意思。不知怎的，那次他看怕了，大病三月，幾乎死去；所以他就決心不接替這殺人的公職了。」

「噢！原來如此，」鮑二爺深深嘆息了一聲之後，又再細看邢先生的額角。「眞的祖先的事情，可以在臉上看得出來嗎？。」宋先生這樣驚疑地說：「二爺，請教你，我的臉上，什麽地方可看出我的祖先有積德呢？」這時候，方先生也接咀說：「事實確是如此；宋先生的祖父，原是一個大富戶，兩次黃河水災，一次旱災，他傾家蕩產救災濟貧，所以到了他父親手裏就家無恒產了。」

「我們人身是祖先的遺體，祖先的癖性與德性都會遺傳給我們的，祖宗的有德或缺德，先人的富貴或貧賤，無論在相貌上、八字上，都可以看得出來的。」鮑二爺一邊說，一邊指着宋先生的兩個額角，就是兩邊眉毛尾上面方寸的地方，說：「這部位在相書上叫做『天倉』，意思就是『先天的倉庫』，這就是秉賦於祖宗福德來源，相書上所謂『天倉滿』，就是指這地方豐滿說的，凡是這裏豐滿的，就是祖先的積德；平坦的，就是祖宗少積德；若是低陷的，那就是先人缺德的表現了！」此時他再指邢先生的天倉給大家看，果然他的天倉比一般人低陷得顯然多了。

接着別的桌子跑來一個女人，那是他們事先說好的，要請鮑二爺給她看看的，從她的外表看，是一位官太太無疑，當然她也是希望先說前運，看看對不對，若對了再說後運。「羅夫人一定是有福的人了，她眞是夫榮子貴！」那位表叔認識這位羅太太，就在鮑二爺面前恭維她一句。但是，情形很奇怪，鮑二爺偏對她說：「很對不起，別人都說你好福相，而我依相看，却說你不是福人；所以我以爲不宜今天在此細說。」羅太太聽了有些臉紅，便勉强地說：「隨便說幾句也無妨。」於是鮑二爺就誠誠懇懇地說：「依我看來，你自幼就離父別母；而且曾是風塵中人……」才說到這裏，羅太太站了起來，說一聲：「改天再說吧！」就走了。

鮑二爺仍然微笑地在撚他的長髯，「看相是一件很難的事，說好，歡迎，說壞，就不受歡迎了，」他又對方先生說：「所以我剛才反對在這裏說相，在衆人面前是不宜說相的。」那位表叔就接着說：「我們只知道她是羅處長的太太，有勢有財，而兩個孩子也都發達了！」「我們看相只管看相，不管她是什麽處長太太也好，總長夫人也好，女人低格的相，也在額上，只有兩類：一類是『淫』，一類是『賤』；淫也有兩種：一種是私淫，一種是公淫；她是後的一種，所以我剛才說她『曾是風塵中人』，我想你們打聽就知道，她十年前必定是一個名妓。至于女人的賤格，與男人不同，男人的賤格乃就職業言，就是所做的是低賤的事；而女人的賤格，那就是『偏房』和『婢女』兩種，而這位羅太太，無論如何她只是人家的妾侍，不能當元配的，而且我敢說她，在過去十年中，經曾兩嫁；而將來呢，恐怕還有三嫁之事！」

一會席散了，鮑二爺就被招待到花廳裏去坐了，除了一些認識鮑二爺的人外，我們這一桌的人馬大部也都跟到花廳裏去了。這時候剛好有一位在財務處裏做事的賀先生也進來，因爲他剛才曾看見羅處長太太曾到鮑二爺桌子去說相，就來問方先生，聽聽鮑二爺對羅太太看相說得對不對。於是方先生就藉此機會，向賀先生打聽關于羅太太的底細，賀先生起先不肯說，他說這是人家的秘密，外面人多不知道，不應把它說出來的，後來方先生就說，雖然外間人不知道，而我們已從鮑二爺的就相論相所說出的都已知道的。方先生還怕他不相信，就說她從前應是一位名妓，曾經兩嫁，且是羅處長的偏房等等。於是賀先生驚奇地說：「眞的鮑二爺會看得這樣準嗎？」接着他就把自己所知的和鮑二爺所說的對一對，一點也沒有錯，他只補充說些關于她十年前在上海曾嫁一富商，因結髮當權，家庭不和，所以六年前才嫁給羅處長。當時羅處長在江蘇任職，因爲她第一嫁吃了元配的虧，所以嫁羅處長時，約明將來他到各處，不能帶元配，只能帶她，因此，此間外人只知道她是羅處長的太太，其實羅處長的髮妻還在江蘇鄉下的。當賀先生細述的時候，鮑二爺也在校對自己的相術。

十九　陳儀槍斃眼中有相

胡適之命在那本徐樂吾著的命譜中，批他是「五十四歲之後，其從政乎？」那時是一九三三年，胡適之才四十三歲。他自己是決心做一個學者終其身的。誰也想不到，一九三七年中日戰爭會爆發，接着演成二次世界大戰，接着果於胡適之剛好在五十四歲之後接受政府的任命，榮任中國駐美的大使官職。我想，胡適之可惜沒有機會看見那本命譜，否則他看了不知他將在哲學上作何感想呢？是笑還是啼呢？

再說到所批的某鉅公八字，說他交入「甲辰運後，一切光輝，歸於黯淡！」算起他交入「甲辰」大運應是一九四五年即抗戰結束那年。現在看來，事實上也一點沒有錯。抗戰是中國政治的高潮，抗戰結束也就是光輝的停頓；而共黨的作亂也是從那年開始猖獗；所謂「甲辰運後，一切光輝，歸於黯淡！」眞是有關于國運的興替了。

一九三五年秋天，在一個宴會上我和一個朋友曾與當時榮任福建省政府主席陳儀會面談話約二十分鐘。那個朋友很會看相。事後他對我說：「陳儀將來必死於非命。」我以爲當此亂世做一個政治上的要人，「死於非命」是一件常事，算不得甚麽的。但依他說，照陳儀的眼相論，是眞正的「三角眼」，自己必然操有「生殺之權」，但自己也必然「被殺」。這位朋友和我從前也都曾看見過當年五省聯軍總司令孫傳芳和與孫同時的北洋軍閥齊燮元。他就說他們三人的眼相一樣都是正型的「三角眼」。當時孫傳芳與齊燮元兩人都已下野多年，也還平安無事，我就以此二人爲例，說三角眼未必就會死於非命。但他堅决說要等看這三人的將來實在情形才能决定。眞的，那年冬天，孫傳芳在天津一間佛堂裏被一個有殺父之仇的女子槍殺了。

至于陳儀，抗戰結束之後，更是氣燄萬丈，紅極一時，接收台灣的首任行政長官就是他；以後又轉任浙江省政府主席。誰也萬想不到，像陳儀這等的人物，竟然因通共的罪狀，在他親手接收的台灣被槍斃呢！再論到齊燮元，雖然息影多年，又於敵僞期間出任華北僞府軍政部長僞職。結果，勝利後，在北平被捕，第二年就在他二十年前自己司令部的所在地南京雨花台槍决斃命。三角眼，眞是凶相。

三九　死於獄中命中註定

民國初年，友人有個親戚，奉派去廣東紫金做縣長。赴任前幾天，家中有個遠親的老僕人名叫唐大發的，請求留在家裏看家，不肯隨眷赴任，主人莊子銘就問他何以不肯去。起初他不肯說，後來因爲主人一定要他去，迫不得已，就把自己的心事說出。他先說：「我今年已經五十六歲了，不願死在外面。」這當然不成爲理由。最後他說：「我二十二歲那年，算過一次命，算命的說我五十七歲要死在監獄裏，又說我是木命，木忌金，不可到有金的地方去；現在老爺到紫金縣去，我不願去這個有金的地方。」

莊家人就對他勸解說：算命的話不必太過相信；就是相信，現在跟老爺去，有貴人保護，當可化凶爲吉，而且，一渡過明年，就過了這關口，這一年隨在主人身邊，那裏會把他關進監獄的道理呢？再進一層說，如果留在家裏，說不一定會出什麽事，主人住在廣東，反而無力保護他了。這話唐大發聽了覺得很有道理，他想，也許這就是自己逃過這死亡關口的機會，於是就答應隨眷一同去紫金縣。

到任之後，唐大發就向莊縣長要求不要派他出縣衙門之外，因爲過去莊子銘常常叫他做隨從當差，所以他此次表示不願再當這差事，他決心在這一年多的日子裏，不出縣衙門一步，希望在這貴人的官府裏渡過性命死亡的關口。剛好，縣政府金庫裏也需要一個長住在裏面的人，而且金庫裏的人員一向是縣長的親信，所以莊縣長除派他的內弟平全德爲金庫主任外，就派唐大發爲駐庫雇員，即日就搬到金庫裏去住，從此日夜就可以不出衙，也不與外人接觸了。

在金庫住了一年多的唐大發，一年如一日地過去了，他覺得這樣最合他的心願了。眞想不到那年五月節那天放假，因爲飲醉了酒和金庫主任平全德吵嘴，兩句話不對口，平全德打他一個嘴巴，他氣極了，拿起金庫門閂的鐵槓，向平全德頭頂一擊，平全得就嗚乎哀哉了。那幾天莊縣長剛又帶同太太去省城公幹沒有在衙裏；第三科刑事科長就只好把唐大發先關進監獄裏去暫押了，那時縣城也沒有電報，只好等待縣長回來再議。想不到第三天早晨，發覺唐大發竟然用自己的褲帶在監獄裏上吊自縊死了。二十幾年前算命的話果然應驗了。

二二　死於水厄命數難逃

關于死於水厄之事，據說在八字上不容易看得出，而在面相上，却是很容易看得出的。友人伍有玉，是在海邊生長的，他告訴我，他在家鄉目睹過兩件關于水厄的事，實在奇怪。他家鄉居民大都是業漁的，有一張姓的一家有五個兄弟，據看相的和看風水的說，他們五兄弟的相貌，都是他們老宗祖墳墓的地形，五兄弟恐怕都死於海上的。事實上，就因爲他們已有三個兄弟死於海上，而且連屍首都找不到，所以才去請看風水的先生來看看祖墓，也請了看相先生看看還有老大和老四兩兄弟的相的。

看風水看相之後，兩兄弟自己就將漁業結束，改營陸上生意。二十多年已平安地過去了。有一年夏天夜裏，天氣很熱，老四拿了一大盆冷水在屋後空地陰暗無人處冲涼。許久沒有出來，家人跑去一看，原來老四的頭面覆在水盆裏已經斷氣了。事後才知道他有「腎氣奔」的毛病，或者就是今天的所謂心臟病，大概在伏下去洗面時發作，就這樣窒息死了。

老四死後二十年，老大已經八十歲了，兒孫繞膝，家道康祥，老境堪娛。那年他家又添建三艘大漁船。兒輩計劃於他的八十壽辰之日，舉行大慶祝。依卜卦先生的說法，要使這三艘漁船獲大利，必須把「馬祖婆婆」的神位請到船上去看戲。由是就把三艘新建大船鎖鏈一起，鋪平木板，備作劇塲，一面將船靠攏岸邊，並在船岸之間，搭一座很寬的橋板，以通上落，供神那天，因爲老大是家長，又是壽翁，必須由他向馬祖婆婆進香膜拜，就由孫兒扶他上船去。由於三四十年來，老大自己既不下海，而兒孫繼續出海討魚也都平安無事，所以自己和兒孫都把他水厄之事忘記了，所以燒香之後仍然留在船上看戲。

戲未看完，老大的妹夫突然記起老大不宜上船，更怕等會戲終人衆必然紛亂，於是就叫兒輩先送老大上岸，回家休息。爲着防備萬一計，就多叫幾人，分立在橋板兩旁衛護。大概由於上船看戲的人太多，走過這橋板的關係，當老大走到橋板中途，突然橋板斷了，十幾人一起丟下海去！等到船上嘩然，紛紛跳下七脚八手把老大救到岸上的時候，也不知是驚壞，是跌傷，還是水淹，總之，就這樣不再還魂了！

二十二　無根浮萍桃花運

抗戰爆發那年，我的同學曹夢福，正在南京某軍事機關任職，無意中他有一次在路上碰着一位小姐。太美了，他一見傾心，立地決意追求她，那小姐在前面走，他在後面跟。曹君本是一個看見女子會臉紅的忠厚人，雖然想不到那天會有這樣大的胆子，却還是不敢走得太近，他一直遠遠地跟她，直到她走至南京夫子廟附近的南京特別市政府的社會局裏面去，他才回頭，他知道了這位小姐是社會局的職員。

於是他每天一有機會就提早先一步跑到那天碰到小姐那條路上去碰碰小姐，雖然這位小姐還不知道背後時常有人跟她，而曹福夢却從幾次追踪的結果，也知道了這小姐的住宅的街道和門牌了。既然他知道這小姐，每天上午的上辦公廳，和下午的返家時間，也明白了她所必經路線，他就容易每天都能夠如意地看她一面了。

本來曹君是不大相信命運之事的；但為着這件求美的事，太過熱望了，而這事自己既無把握，又不能去請教人，於是就想只好去問問看相算命的先生。他也曾聽見過所謂

「桃花運」的事。他想，去算算命，看看算命的會不會說自己有桃花運，於是他有一天就跑去夫子廟命舘裏去請教算命先生。奇怪的是，算命的竟然說他上月初交入什麽日子之後，是有桃花運的。但是他在算命看相先生口中沒有得到安慰，反而起了反感。何以呢？因爲他爲了這事，算過三家命舘，看過兩次相，他們有的說他這桃花運好比「無根浮萍」，終無着落；有的說他是「得而復失」，「徒勞無功」！只因他本來是不相信命運之事，而今他們所說的又與他心中所熱望的相反，更不使他相信了。

當然這裏面還有兩個理由：一個就是他認爲那位小姐太美了，他從朋友各方面各打聽所得的消息，也都說這位小姐品貌雙全，而且待字閨中；第二個理由是，算命的旣然說他對此女子有「得而復失」情形，只要能「一得」，就「復失」去也于願已足的，於是他一面在「單戀」的情況下，一面在「違抗」命運的意念中，決定向彼妹開始精誠求愛。他先打聽了近兩年來社會局中人以及各機關中向她求愛的都不成功；於是他就決定一種試探式的秘密求愛的方法。

到底曹夢福所巧思出來的試探式的秘密求愛，是怎麽一囘事呢？由于他會寫一手好字，也曾在各報章上寫過文藝作品，他想這正是自己秘密求愛的本錢，於是他就決定先用「情書」求愛；他決定每天發一封情書，信中沒有把自己的姓名住址等告訴對方，不希望對方寫覆信，起初只表示單方面的愛她、歌頌她、讚美她；也有時說些關於對方良好品德以及家庭之事，表示他對她的眞心誠意地留意她，關心她。

連發了三四十封之後，在信中就有意地流露他是一個年青的軍人；也說到他每天在路上時的所看見關於她一些情形，使對方知道他不論風雨，只要她有走過那條路，他也都必在那條路上等待她、留意她、欣賞她。不久有一天他發現她在路上似有意要發現那寫情書的人；這事使他得到無上的安慰，他相信自己的情書已經發生效果了；現在就是等待她看見了自己的儀表之後的情形如何了。

曹夢福原是一個相當英俊的男子，自己相信單以儀表論，不至於落選的，過去他之不敢向對方公開求愛，爲的怕對方條件很苛，自己的家庭，學歷，以及對方對於軍人有無興趣則是最重要的問題，現在他在信中已把這些問題都告訴對方了，對方既有意要發現他，那就是對自己過去所顧慮的事已不成爲問題了，那末他自信，最後的「看樣」，當不至于失敗的。

於是，他就鼓起勇氣，在第一百八十二封的情書，告訴對方這樣說：「明天是我二十四歲的生辰，有生以來，今年的生辰是我最快樂的日子；因爲我精神上有了一個安琪兒！明天傍晚，我願意在新街口一家照相舘門前，迎候你、感謝你，向你致敬！」

第二天，曹夢福就捧着一顆「熱、滾、跳」的心，全套軍裝，向新街口出發，準備向美人鞠致敬禮！果然天如人願，他遠遠地望見了美人，美人兒也看見了他，等到小姐漸漸走近了，小姐開始向他注視，由頭到脚，又由脚到頭，走近面前了！曹夢福不由自主地，竟然立正額手向她行起軍禮了，美人兒嫣然一笑，很自然地、誠意地，當然也很嬌艷地向他點點頭還個禮！當天晚上，他寫好了第一百八十三號情書，信末把自己的通信處附去，並對小姐說：「我盼望這通信地址，於你會有用處！」

果然此信發出後的第二日，就收到小姐的第一封覆信，從此後，他們倆見面了，從秘密求愛進爲公開談情了。曹夢福喜不自勝地，想起不是那算命的看錯了，便是自己經已戰勝命運了。有一天，當他打算安排結婚的日子，好奇地再跑去命舘看看算命該怎麽說，好奇怪，算命的仍說他此次婚結不成；說他其中必有變化，說他本身今年有「小官非」，有幾天牢獄之災；又說他有「驛馬」，須要離開南京到北方去。曹夢福聽了好生氣惱，他不敢把這話告訴小姐。

他和小姐商定了關于結婚的儀式，打算採取爆炸式的結婚，決定把一切都秘密準備好了，結婚前兩天才發帖並登報。一切都如意地籌備好了，他想，這一下他已無疑的可以戰勝命運了。

人的意外實在難測，曹夢福的桃花運眞是太奇怪了，事情實在離奇得太可怕。第二天他一到辦公廳，就奉到處長的手諭要調他到保定去工作。他爲着保守最後幾天結婚的秘密，不對處長說明理由，只請求挨後一個月前往，其實他當時心想，就是准他挨一個月也是無用的，因爲軍人調差不能携帶家眷，而他剛剛結婚就要離家恐怕也要辭職的，所以他當時一聽見調任就想辭職了。但是軍人辭職並不便當，只好先行請求暫緩調任，結果，處長以「軍機緊急」不准暫緩；而他則以「私事待了」表示不去。其實他不知當時抗戰前夕的局勢嚴重情况，以爲在平時這樣事情也可以托人講講情的，殊不知此次情形與平時大不相同。

眞想不到，第三天他一到辦公廳，就被通知爲「有違抗命令之嫌」的罪名要受「禁閉」的處分了。一會他被送至禁閉室被看管了。曹夢福在禁閉室裏眞是急得像熱鍋上的螞蟻；而又因爲一向保守秘密，也無人去替他通知愛人，兩人之間的聯絡就這樣中斷了。第一天過去了；第二天又過去了；到了第三天，也就是「七七」的那一天了！當他聽到蘆溝橋方面已爆發對日戰爭時，和好幾位同事從禁閉室裏出來，就立即登上軍用汽車，開向下關，渡過長江，向保定去了。從此後，他輾轉沙場，出生入死，一直至勝利那年，他和另一個女子結婚，而那位「得而復失」的愛人，還不知其下落！

二十三 善觀氣色相中奇術

看相之術可以分爲兩部門，一種是看「形象」，一種是看「氣色」，過去都以「善觀氣色」作爲看相的標語，一半是因爲「氣色」這一門工夫較深，一半是習慣上認爲看相就是看氣色，所以一般睇相佬，還沒有學到看氣色的，也用「善觀氣色」爲招牌了。其實，目下能善觀氣色的並不易見，他們都是看看「形像」而已，由於形象比較容易。就是形象，也有淺深之別，看「形」的比較深，「看象」比較淺，氣色也是這樣，望「氣」的比較艱難，望「色」的比較容易，依我所知，現在中國的相術只有「觀色」

的，至於「觀氣」的，似乎還沒有，並不是中國本無此術，而是由於工夫太深，便漸漸失傳了，說來眞可惜。

現在把中國古代有一個能夠「望氣」的故事說一說，就可明白我國的相術，早就很精到了。遠在距今二千五百多年前，與孔子同時，有兩個有名的善於相術的人，一個名叫叔服的，是周朝的內史；一個名叫姑布子卿的，是春秋時晉國的大夫。當趙簡子掌握晉國的大權時，有一天姑布子卿去見趙簡子。當時的趙簡子權威過於晉國的國君，野心甚大，頗有計劃將來立國爲君之意，因而就請姑布子卿看看他的兒子們，有沒有接他爲趙氏君卿之尊的相貌的，於是趙簡子就叫許多兒子都出來給姑布子卿看看相。

很奇怪的，姑布子卿看了半天沒有看出好相的，就對簡子說：「諸子中並沒有可爲打天下的將軍的。」簡子說：「那末，我趙氏就這樣亡了嗎？」姑布子卿說：「我前些日子看見過一個小孩子，我相信那個孩子是你的孩子。」姑布子卿就把那個孩子的樣子告訴簡子。原來這個小孩名叫毋卹，確是簡子所生，祇因他的母親是賤族翟姓的婢女，所以簡子平日不把他算爲公子，就也不叫他出來看相了，於是就叫那小孩給姑布子卿再看一看。子卿一看，就說：「這個孩子乃是打天下的眞將軍了！」

趙簡子說：「他的母親乃賤婢，那可說他有貴相呢？」子卿回答說：「我看他的氣質，乃天之所授；其母雖賤其子必貴！」簡子聽了，心中還不大相信。

由於趙簡子平日對姑布子卿相術的高明已有信心，而且子卿是一個大夫高官，當然不至於隨便說說的。於是從那天起，趙簡子就時常和各個兒子談談話，自己要看看孩子中到底那一個最好。經過了若干年的相處，接觸觀察的結果，果然發現毋卹是最聰明最能幹。趙氏原是晉國的宗臣，世世相襲爲卿相，掌握國家大權，世襲的規矩，本是由長子接替父職的，但若長子無能或不肖，也可以由父親的意思在諸子中另立一個爲接位的太子的。簡子的長子名伯魯，並沒有什麽特別能幹，於是簡子想另立一位爲太子。

本來爲父的儘可以依自己的喜惡，去立一子爲太子的；但趙簡子是一個非常認眞的人，他知道這立嗣之事關係趙氏一族的興替，不宜隨自己的喜惡從事，於是他就想出一種測驗諸子中那一個最聰明能幹的，就立他爲太子。有一天他就召集諸子，對他們宣告說：「我有寶符，藏在常山上面，你去常山尋找，誰先得的，有重賞。」諸子聞言，就分馳常山去尋覓。但大家都找不到。毋卹在山上找了一下，呆立在山頭看了一下，就和諸兄弟一道回來。大家都得不到寶符，自然垂頭喪氣無話可說。而獨毋卹高興地對父親簡子說：「我得到寶符了！」

趙簡子聽得奇怪，就說：「你得着什麽寶符，奏來！」毋卹奏道：「從常山上去，就接近了那個代郡的地方；那代郡，是可以把它攻取的！」趙簡子一聽，不得不驚奇地承認這翟婢所生的毋卹，確是諸子之中最賢能的了，於是他就决定把太子伯魯廢掉，立毋卹爲太子，因代郡是當時軍事上的險要，只有從常山上去才可以把它攻取，果然後來趙毋卹於父親死後接位爲晉國宗臣，以攻打代郡成功成名；四年後，就應了姑布子卿所說的，他與韓、魏二氏，把晉國分爲三晉，而自己就是趙國第一任國君趙襄子了。

這就是中國相術史上最有名的「觀氣」事實，因爲小孩子的相貌會變化，色、形、象三方面都不容易作出斷論的，惟有善於「觀氣」的人，才能於「器宇」上看出其所異秉的「氣質」的。此外，三十年前我在北平，也曾碰到觀氣奇術的，那是又另一種的看法，現在也把它說一說。

有一天我和兩個朋友到北平的前門外去看京戲的科班，所謂「科班」，就是小孩子學戲的學生班，學戲有所謂「科班」出身的，有所謂「半路修行」的，所有的名劇員，如梅蘭芳、馬連良等，沒有一個不是由科班出身的，科班戲雖然不夠勁，却也有其妙處，那就是全班都是十歲上下的小孩子，看來別有一番滋味在心頭。我那天去看科班，主因倒不是去看那學生戲，而是去看那些學習看相的。怎麼說學習看相的要在戲院裏學習呢？說來也奇怪。

因爲前幾天我在看科班的時候，開場後好久看見有一個道士裝束的老人帶了兩個青年人才進來，他們是定座的；看一齣却又走了，這事我看見了兩三次，而且一定是那三位座位。我覺得奇怪，回來就告訴我的朋友，朋友告訴我說，那是學「觀氣」的看相師徒。當時我雖然對看相也頗有興趣，却也只知「善觀氣色」的話，還沒有聽見過單「觀氣」這回事的。北平是故都，可稱爲「無奇不有」的地方，後來我打聽，眞確有專門學「觀氣」的相術，據說，科班小孩子登台演戲和睡覺時，是「觀氣」的好對象；因爲那時候小孩子們的面上會有一種「氣」呈現，會觀的人能夠看見的。

那天我因爲要看看他們三個師徒，到底怎樣觀氣，就事先定購他們後面的座位，不久，他們三人來了。當他們坐下後，我就不看那台上的戲，而專心側耳傾聽那台下的戲了，可是，非常奇怪也非常失望，自他們坐下至看完一齣戲走了，三個人却半句話也不說，原來他們聚精滙神只在看。

後來我打聽得到，戲子中並不是個個都有「氣」呈現的；也就是說，只有那有氣呈現的，將來才會成名，因此，觀氣的老師，要先看那一個戲子有氣呈現的，然後帶學生來，依他所教導的觀氣方法去看；也依各人的天資不同，要經過一步一步的練習，才會看得出的，所以他們在戲院裏只是看，沒有時間去說，要等看完那個戲子的戲，才回去把各人所看到的情形說出，然後再由老師指導的，有個老北平的朋友告訴我，說是從前有一個名鬚生（是梅蘭芳的前一輩，名字已經忘記了），原是學青衣的，由於他的師父相信觀氣的話，叫他改學鬚生，果然後來大成功了。

到底那觀氣的看相先生在那戲子面上看見了什麽東西呢？原來教戲師父和看相先生是朋友，看相先生時常帶學生來「觀氣」，師父就不時向他打聽戲子中那一個有「氣」呈現。其中有一個學青衣的戲子，平日演習很專心，但他在演戲時面上所呈現的氣運不純一，有時是青衣的形影，有時又：鬚生影子，觀氣先生就要求看看那戲子睡時的情形。很奇怪的，這戲子在睡中所呈現於面上的形影多數是鬚生而不是青衣，這樣就斷定這戲子的本志是喜歡演鬚生，不喜歡演青衣的，據說這就是人們的一種奧秘「精神」表現。

這理由依現在心理學上解釋也有道理，人的所志便是「精力」之所專，自然容易成功，所不解的只是我們沒有經過特種的「觀氣」技術訓練的，看不出一個人那面上所呈現的形影罷了。固然也由于專心一志的人並不多，所以並不是每一個人，都有那形影呈現；有的呈現不大清楚，有的還需要運用常識和智慧，才能把它看得明白，予以斷定的。

朋友告訴我說，上面所述的那位老道士，前幾個月曾教他學生觀氣的事，說來也怪有趣。有一個人有天請老道士替他觀氣，問問他所計劃的事可否成功。老道士就和他的學生一起看，老道士問學生看的是什麽，學生說，在這人額上有一大堆長方形的東西。道士要他作一個斷語。學生說此人應是一個經營「香烟」或是「火柴」生意的人；因爲額上所呈現的形影像一包一包的香烟，也像一盒一盒的火柴。但道士說他所斷的錯了，依老道士所作的斷語，此人乃經營「麵粉」生意，而且已經成功發了財了。結果，老道士斷得一點也不錯，此人果然是天津一家麵粉廠的老板。

事後老道士教導他的學生說，固然由於初學關係不能像老道士那樣看得淸楚，但另有重要的問題不在看得清楚不清楚，而於本人所呈現的形象問題，據他說，如果那人是做香烟或自來火的生意，而所呈現的形象是一支一支的香烟，或是一根一根的火柴，而不是一包一包的東西；因吾人一想到香烟或火柴，都是呈現一支的形狀，不最呈現一盒一盒形象；惟有麵粉，不可能想像一粒一粒的，只有想像那一包一包的，這便屬於心理學的問題了。

二十四　吳佩孚老師無官運

北洋第一號軍閥吳佩孚，有一位少時的老師姓張的，是山東人。這位張老師是一個老秀才，學問雖好而功名却止於秀才，三試舉人都不第。這功名之事確是很奇怪，有很多學問很好的，偏偏考不上，從前考廩生和秀才時，也有舞弊代替別人做文章的事，常常替別人做的偏中了，而自己却不中的，這完全是關係於命運，與文章的好壞是無關係的。吳佩孚這一位張老師大概也是命中並無官運，所以也就只中了秀才就沒有下文了。據說他考秀才那年曾算過命，說他那年功名有成，但又說他功名不顯。果然他那年中了秀才，當然他是準備考舉人，中進士，中狀元的。當第一次考舉人不中時，他又去算一次命，算命的說他從此不再有功名了，他不信。因爲那時他才二十歲，那有這年少就登科的人，以後會沒有功名之理？

然而事實上偏是這樣，連考三科舉人都不第，因爲每三年才考舉人一次，所以當他第三次去考舉人時，心裏就想，如果此次再落第，就不打算再考了。本來中了舉人還有「截取知縣」去當縣老爺的機會，舉人中不成，做官就沒份了。於是他就開館授徒，做起私塾的教書先生了。當吳佩孚少時做他的學生時候，深得這位張老師的喜歡；想不到他的科舉功名却也和這老師同運，中了秀才之後就不再中舉人了。吳佩孚此人自少就雄心勃勃，對於功名失意甚爲抑鬱不歡。

有一次吳佩孚來看老師。這時這位張老師對於中國五行命理之學已有深湛的工夫，他就替吳佩孚算算命。哎啊，這一算，竟然發現吳佩孚的命太不尋常，不特貴居一品之尊，且有出將入相功勳彪炳咤叱風雲之日，於是他就勸吳佩孚說：「你的命和我不同，我的命要等到晚年才有官運，而你的命，前程不可限量，不能考中舉人正合你的命運，因爲此命宜武不宜文。」吳佩孚就是聽了這位張老師的話，就決定放棄了科舉，棄文就武去讀「講武堂」了。

若干年後，吳佩孚果然由營長而團長而榮任旅長了。有一天又來拜見老師。那天吳佩孚來看張老師，爲的是他時常不忘自己之所以決心棄文就武，乃接受老師的勸告的，也時懷報答師恩之心，所以他不特平日關心老師的生活，也很想知道老師有何心願需要他帮忙的事，他願意效勞的。

因爲吳佩孚記起從前在張老師私塾裏讀書時，曾聽過老師說起因不能考中舉人，以致滿心想做縣長終成泡影，引爲抱憾之事。那時吳佩孚已身爲旅長，要保荐老師做一個七品官的縣長是毫無問題的；所以他那天就想徵求張老師的意見，想保荐她去做縣長，要問他喜歡當那一縣的縣長讓他去進行。那知這位張老師，此一時彼一時，他的心願和從前又不同了。他明白吳佩孚的來意之後，微笑地說：「現在，你都當了旅長，我也應當高陞了。」「是，老師就當一個省長也不太過，」吳佩孚恭敬地說：「不過，目下學生還沒有那麽大的勢力，只好請老師屈就一下，等待將來有機會時再說。」張老師接着道：「我已把你我兩人的八字都看過了，十五年後，當你顯赫一時的日子，我還活着；到那時，你若有心的話，我很想能當一任山東省長。」

果然十五年後，吳佩孚以「直奉戰爭」的時會，一躍而爲奉系軍事首領，曹錕爲大總統，他爲大元帥，軍權在握，顯赫一時。那時候這位張老師也早已卜居北京了，雖然，雖已屆花甲之年還體魄碩健，尙無老態。有一天他叫個人代他對吳佩孚說：「我這十五年來居貧淸閒，爲的不要使你今日有爲難。」吳佩孚當時因權高事忙，對來人所說的話一時還不明白，就問來人道：「你知道老師這話的意思嗎？」來人說：「張老師的意思是說，如果他十五年前願意去當一個縣長的話，今日要想由一個縣長高陞爲省長，便使你有爲難了。」

這句話却把吳佩孚提醒了。於是他就吩咐秘書處去把張老師的籍貫履歷年齡等拿來，預備向總統府秘書廳推荐老師出任山東省長。當時北京政府和北洋軍閥中人，差不多個個都相信命運之事的；於是元帥府秘書處中有人能算命的，就把張老師的八字排一排。這一看，顯見此老師不特並無高官之命，連小官命運也沒有。不特此也，從八字中更可以看出，本年且有一個大關口，壽命都成問題。於是秘書處中人就把此事報知吳佩孚。吳佩孚當然未便把這話轉告老師，只好暫把推荐之事押後一下，一面託一個會算命的人，去和張老師談談命理之事，希望能提醒張老師，對自己的命運不要看錯。那人就受吳佩孚之託，有天拜訪張老師去了。

「張老師，我們要先向你預賀了！」因爲吳佩孚敬重這位張老師，所以元帥府中人也都稱他爲張老師，都行弟子之禮。張老師看見這位是元帥府秘師處裏的熟人，就知道他所謂「預賀」是什麼意思；就問：「我的東西送去總統府了沒有？」接着又微笑地說：「不要先行預賀了，現今世界的事，要等公文到手才算爲眞實的事。」那人答道：「聽說總統府的會期還要等十天，張老師的東西大約三五天之內就要送出的。」此時張老師好像因爲聽見他的東西還沒有送出，臉上有些不愉之色。於是那人便補充說：「大帥要做的事還怕不成嗎？我想在下月之內總會見於明令的。」

「我不是說子玉（吳佩孚的別號）對這件事會辦不通，而是說這件事還要靠我自己的命運；如果我沒有這樣大的官運，子玉也無可奈何的。」張老師這句話正給那人乘此機會談到命運問題了，於是就接着說：「提起命運，我今天要請教張老師一件事：我們秘書處裏幾人也會把尊造看過了，今年張老師確是一生的大奇運；不過，我們幾人對於命理只是入門而已，對於尊造今年三申衝寅之局，應作如何看法還沒有把握，現在順便要向張老師叨教了！」

「對這個問題我自己也有疑惑，依常理言，這是旺冲衰，今年頗有性命之危；但因寅中丙火乃我的官星，而今年又逢子玉得意之時，有這好機會爲我進行，而我的體力也一點沒有異象，所以我以爲這可能會把我這一生隱藏的官星冲出了。不過，最好我能在立秋前奉到明令，否則恐怕又有變化了。」張老師最後又對那人說：「你回去告訴子玉說，我這一生沒有做過官，是此生最大的遺憾，希望他能在立秋前替我辦好，不要挨過立秋，讓我多謝他的幇忙！」

原來張老師自己也明白自己的命運今年有性命之危，爲的希望能把官星冲出，轉危爲安的，吳佩孚知道老師既是此種意思，就只好請總統府在立秋前十天發表張老師爲山東省長了。那知張老師的看法仍是有錯，所謂三申冲寅，不是把官星「冲出」，而是把官星「冲倒」；山東省長的命令雖然在立秋前發表，而張老師却在立秋後五天，因爲一面高興過度，一面忙於見客，竟然還未到任就中風去世了！

二十五　命中有難祭禳無用

朋友有一個親戚姓項的，因爲公務員舞弊案在蘇州被捕。他本來住在蘇州，也在蘇州一個財政部附屬的機關裏做事，當然舞弊之事也在蘇州做成。被捕的時候是在辦公廳裏，距離他舞弊的時候已經五個月了；那就是說，舞弊之事已經做成五個月，欵子也早已落袋平安過去了的。當五個月前舞弊的時候，他的太太曾聽他說過，有個算命的說他那月份有横財可得，因此她一聽項君在辦公廳被捕的消息，急時抱佛脚，只有先去算命卜卜卦，看看吉凶如何，她先去卜一卦。卜卦的說：「此人現在已不自由了。」她問：「何以見得不自由？是不是生病？」卜卦的說：「不是生病，卦象是『有脚無路可走』的意思，那是指被拘禁而非生病。」於是她就連忙到一家命舘去，再替項君算算命看看如何。

算命的說，此人從上月半起交入火運，恐有兩年半的牢獄之災。這一下項太太嚇了一跳，算命和卜卦所說的竟然相同，於是就問：「此種牢獄之難，有無方法避免？今天這日子，於他到底是吉還是凶？」算命的說：「昨天半夜交入立夏，火運又逢火月，今天又是火日，三火焚身，本有性命之危，好在命中有救星，不至於死；但牢獄之難，終是難免。」於是她就將項君被捕的消息告訴算命先生，請他特別替她看看項君今天這日辰被捕，有無什麽煞星，該不該祭禳？據算命的說，並沒有什麽煞星，就是有煞星，該當事先祭禳，事後就無法祭禳，所以有的算命卜卦先生說事後可以祭禳的，那都是騙錢的一套。但他又說，依今天的日辰看，不特有身受「縲絏」之事，又有「驛馬」之象；那就是說，項君被捕之後還被解去別的地方的。

這一下又使項太太憂心忡忡了。她說，所謂「驛馬」，可否解釋爲今天被捕不能返家之意？她滿心希望所謂驛馬就是這樣，但算命的說不能如此解釋，所謂驛馬，應該離開本地，而且需要離開一個時間，像由蘇州去上海，去南京，兩三天就回來，這不算爲驛馬，但依項太太所知道的情形想，項君做事在蘇州，舞弊也在蘇州，論理被捕之後，也應該交蘇州地方法院辦理的，是沒有理由解去別的地方，但事實上，那天下午得到消息，項君已被解到鎮江去了。

後來才知道，項君爲什麽被解到鎮江去呢？原來因爲有一個共同舞弊的人，在鎮江被發覺另一舞弊案，因爲那案與軍需有關連，暫由鎮江警備司令部軍法處審理，審訊結果，案中有案，把五個月前也和項君所舞弊的也連帶被揭發了。因爲兩案有連帶關係，都與軍需有關，所以鎮江警備司令部就派人去蘇州把項君逮捕歸案了。

不久，項君被判有期徒刑五年六個月，發在鎮江監獄執行。項太太一聽見丈夫被判五年半，就趕到算命先生處請問他，說是他原只說項君有兩年半的牢獄之災，而現在事實上竟然判了五年半，這到底是何理由。算命的當然也說不出理由來，只說是依命理上看，項君今年難免有牢獄之災，而這災也只有二年六個月就會解脫的，至于將來有何變化，那就不是算命的所能明白了，這當然也是實在的情形。

又有一件說不通的事，和項君共同舞弊的那位先生是姓陸，他和項君同樣也判五年六個月，陸太太聽見項太太說，項先生雖然被判五年半，但據算命的說，只要二年六個月就可脫災；只是她也將陸先生的八字請那位算命先生替他看，看是否和項先生也一樣只要坐二年半就可回來。事情却是很奇怪，算命先生明知陸太太和項太太是朋友，也明知陸先生和項先生是同案，而且也同樣被判五年六個月的刑期，論事理，論法律，二人既是同時判罪，也應當是同時出獄的，但算命先生看了陸君的八字之後，自己也莫明其妙地說：「這是一件我自己也不知如何說法的好了。論理論法，陸先生既與項先生同案同刑，就應當同時出獄的；但依陸先生的八字看，他却須要二年九個月才能還家，爲什麽他竟會多關三個月，就莫名其妙了！」

後來的事實呢，二年五個月的時候，適逢政府宣佈大赦令，他們都得減刑一半，於是項君減刑之後，已關足了刑期，不久果然還不滿二年六個月就出獄了，至于陸君呢，說也奇怪，他因為去年在牢裏參加要求伙食改善，和獄中看守打架，把一位看守打傷，曾被法院加刑六個月，所以同樣減刑一半，他却要比項君多加三個月了。陸君出獄的時候，看看算命所批的自己命紙，想起去年和看守打架之事，眞是又好笑又好氣！

二十六　死有定數無處可逃

就命理說，一個人幾時死，怎樣死，都是有定數的，關于吉凶休咎之事，有時可以用人力去逃避，也只能「將大事化小事」，不可能將大事「化無事」的，至于死亡，除了非常少見的「例子」或「變格」，如果「命中當死」，就很難「逃掉」的。命理上所謂「遷地為宜」，也只是對災難「趨吉避凶」，並不是說命中的壽數已絕，而能夠換一個地方便可不死的。舉一個例，抗戰期中一九四一年，發生於香港的有名人物的事實來說，便可深信無疑。

有一本有名的命書，封面書名是鄭孝胥寫的「人鑑」，在國內備受算命先生所推崇的一本眞人、眞命、眞批的命書。此書作者是一個有名的詩人，文人林庚白，他算自己的八字，一九四一那年四十八歲，有性命危險，因此，抗戰一發生，他就和太太向內地跑。本來他經常住北平和上海兩地，但戰事發生後，他就不能不「遷地爲宜」向內地遷徙，這是戰時逃難的一般辦法，不足爲奇，一九四一那年他原在重慶居住，但因當時重慶時常有敵機的空襲，他就認爲此地此年於自己的流年不利，原打算向昆明走；而根據昆明朋友打聽的覆信說，昆明也時常有空襲，要逃不如向香港逃；因爲那時太平洋戰爭還沒有發生，香港可算是一個最接近中國的平安而又是最容易去的地方，於是他就和太太逃來香港了。

那想得到，他在九龍剛平安地住了九個月，太平洋戰爭便爆發，日本兵竟在九龍登陸。日軍登陸之後也算平安，爲着保平安，他每天傍晚都和太太出來在住宅附近散步，平日不會碰到日本兵，而他自己是日本留學的，日語說得十分流利，心想，就碰前日本仔也是沒有問題的，但是，那想得到，竟然有一天出來散步之際，竟被日兵開槍掃射，死於路上！林庚白自己能算命，也算準了那年有性命之危，而自己手邊也還有錢財可供逃難之用；然而，從上海北平可以逃到重慶，又可以從重慶再逃到香港，却最後無法逃出自己命中的鬼門關，日本仔竟然跟他也到九龍！

世上像林庚白此類的事情很多，事實上，那年如果他不逃到香港來，仍然住在重慶的話，那年重慶還是平安無事的，所以這可以深信，別的可逃，惟有死是無處可逃的。

二十七　父母之喪形於顏色

少的時候我家住在北平，時常跟隨一位長輩的親戚到前門外去逛。北平的前門外是北平最熱鬧的地方，戲院、館子、妓院、雜耍，凡是都市的玩意兒，應有盡有，比之從前上海的城隍廟，南京的夫子廟，今日香港的灣仔，更熱鬧得多，當然那裏也是算命、睇相、卜卦、測字的淵藪，供應首都遊客不時的問津決疑。

帶我逛的是我的姨丈，他是一個被朋友叫綽號為「賽金鰲」的「無牌」睇相佬。因為當時北平有一個足跡走遍大江南北，聞名全國的相術泰斗叫做「釣金鰲」的，正在北平卜居問世；而我的姨丈，則是一個內務部科員的業餘睇相佬，由于相術高明，所以被人綽號為賽金　了。他去前門外的目的不是逛熱鬧，而是專門在睇相攤頭巡逡，是要向他們中間發現「奇術」，便學習一點工夫的。有一次天下小雨，我們正在一個攤位下面躲雨的時候，看見有一男一女忽忙快步地走過攤邊，看見他們是走到那邊有七八個攤位的「天乙舘」裏去卜卦的。我們躲雨的這個攤位叫做「李鐵咀」，我的姨丈和這位睇相佬原是相熟的；因爲雨天遊客少，閒着無事，就說起剛剛走過攤邊的那兩個男女的事了。李鐵咀就對我姨丈說：「周先生，那兩位到天乙舘裏去的，你有留意到了沒有？」「看見到了，」姨丈說：「你無妨拉一下生意，這也是一個好機會，看看天乙舘的課靈不靈。」「是的！」李鐵咀先生很有把握似的。

一會，那兩位男女從天乙舘走了出來，回頭就要從我們的攤頭走來了。他倆走近攤頭時，姨丈先向他倆揮一下手，客氣地對他倆說：「我介紹把你們的事問問李鐵咀先生更好，因爲我剛才從這裏走過，李先生已經看出了你們的事。」那兩位男女呆了一下，看看姨丈和我，似乎他倆也看出我們確是躲雨的過路人，而不是替李鐵咀拉生意的。於是那男的就回話說：「他看出了我們什麽事？」

「他先看出你們是兩兄妹，而不是夫妻；他再看出你們將有父母之喪。」姨丈說到這裏就停嘴了，笑笑地看他們的神情。於是李鐵嘴先生就接嘴說：「我名叫李鐵嘴，說一句算一句，你倆看我說對了沒有？說對了就請進來！」

好奇怪，這兩兄妹竟然走進來了。我當時心中先是像打鼓的在跳，後來却又莫名其妙地十分驚異。當姨丈向他們說話時，我以爲姨丈在胡說八道；因爲根本那幾句話是姨丈自己說的，剛才李鐵嘴並沒有說過。後來又看見他們竟然走進來了，那可見姨丈的話果然說對了的。爲什麽姨丈會看出他們不是夫婦而是兄妹呢？又何以會看出他們將有父母之喪呢？這眞使我這剛十二歲的小孩子大惑不解了。

李鐵嘴先生招呼他們坐定之後，就對那位男子說：「你有兄弟三人，你是長兄。」接着就問：「今年你大約已三十五六歲了嗎？」「是，我姓馬，剛卅六歲了。」男子又說：「你看我的父母情形如何？」「母已故，父尚在；喪母的年齡當在二十五歲的下半年到二十六歲上半年之間；而喪父的日子，恐怕就在這十四天之內了！」

「眞的逃不得過去嗎？」男的說：「我想去奔喪，來得及嗎？」此時女的也插嘴說：「我們兩人打算一道回去的。」李鐵嘴就說：「你們此次的父母喪逃不過去的；照你的面相部位來講，前年你的父親也曾犯過一次大病；而這一次却無法渡過去的！」接着又說，「剛才這位周先生說過，我們所以看出你們二人是兄妹，就是因爲你們兩人面上都呈現父母喪的氣色，既然你兄妹二人都有此氣色，這故事便難免的了。至于奔喪一事，當無問題，在不超過十天之內若能趕到家，都來得及見面的。不過……」此時李鐵嘴轉過臉對女的說：「依你的氣色看，驛馬未動，恐怕走不成。」他又安慰她說：「人生如夢，生離死別，一切都有定數，不可勉强；而且，凡有喪服的人，都有晦氣，福無雙至，禍不單行，應當節哀順變的！」

此時我的姨丈就乘這機會，再問他一句說：「你們此次奔喪的方向是否西南方？」「是，我父親是在長沙，」那男子答。我姨丈再問：「我聽你的口音是江北佬，何以你的父親會在長沙？」「是，我們是江蘇高郵人，父親是在湖南鹽務稽核所裏做事，此次突然生病，昨天的電報是稽核所裏的同事打來的，也沒有說明是什麼病。」

「剛才你到天乙舘的卜卦，說得對嗎？」李鐵咀也乘機打聽關于天乙舘文王靈課的事，這也是姨丈所欲知的。

「天乙舘剛剛所起的文王課，和你所說的也差不多；他說我的父親由今天起，十天之外，十五天之內的雙日去世，所以也說我的奔喪來得及，我決定明天就動身，由京漢路再轉粵漢路，幾天工夫就可以到長沙的。」那男子說着又問：「福無雙至禍不單行，我不會再有什麼事嗎？」

「你準備幾時返來?」李鐵嘴問。「我在鹽務署做事，只預備請假一個月。」男子答。此時李鐵嘴搖搖頭說：「依你的驛馬氣色看來，一個月不會回來的。」他轉過臉對我姨丈說：「周先生，你有何高見?我看他的驛馬氣色，靑裏有紫，而兩頰又陰暗，似當待立秋之後才可變色，此去非五十天之後不得回程；你以爲如何?」

姨丈笑笑地說：「我剛才問他奔喪的方向，就是爲着這個問題有疑點，依我看來，他這一次就是沒有奔喪之事，三十天之後也要向西方行的，而且是吉不是凶。現在呢，他的氣色是凶中帶吉，動中有靜，顯而在喪父之後有陞遷之喜；依我的判斷，三十天之後他會接到陞遷的消息；五十天之後他雖然會回返北京，但不久又要到湖南去的。」

「是的，你的判斷正合吾意，我也是這樣看法的。」李鐵嘴就對那男子說：「我和周先生的看法完全一樣，你此次去長沙，除料理你父親喪事之外，將于三十天內接到陞遷的命令，五十天後，你才能回程到北京；但你不久又要去長沙，情形如何，請你五十天後回來時到我這裏一下，讓我明白你的情形，也讓我們向你賀喜，好嗎?」

過了五十天，聽姨丈對家人說，那個男子，果然在長沙治喪時接到鹽務署的命令，會同稽核所委派他調查某案，並暫代他父親在湖南稽核所科長的職務，由於有此命令，就多留長沙二十多天才回返北京，辦理鹽務署中的奉委移交等手續；之後，就奉調到長沙去了。這樣看來，姨丈的被人綽號爲「賽金鰲」眞是名不虛傳了。這是我幼年在北平所目覩的事實。

後來我又從姨丈處得知關于喪服氣色的看法，原來，鼻樑上發白，就是喪服的表現，至於到底是家中何人之喪，就要再看面上的父母宮、夫妻宮或兄弟宮的顏色；那一宮發現青色或灰暗色的，就是將要死亡那一宮的六親了。

二十八　北洋軍閥各有異相

當滿清末年袁世凱在小站地方練兵的時候，他不過是滿清的一個地位並不十分顯赫的官員，有一天，他在小站舉行一個小宴會，到會的有姓黎的、姓馮的、姓曹的，還有姓段的等諸人。當時來客中有姓闞的是山東巡撫的親信，因公到小站來與袁世凱有所接洽，順便也列席會宴。這位姓闞的原來是會看相的，他在席間觀察在座各人的相貌器宇，不禁大吃一驚，他當時所心驚的什麼事並未有告人，待他回到山東將公事回報了巡撫之後，有天看巡撫很是幽閑的時候，偷偷地告訴巡撫說：「我此次到小站去，看到一件事實在太可怕！」

巡撫以爲他所指的是關於練兵的事，就說：「咱們未來的陸軍，當然是大有希望的。」闞君又說：「我說的不是未來的陸軍，而是那幾個人！」「那幾個什麼人？有什麼可怕？」巡撫問。「那是袁世凱和那天晚上宴會席上的幾個青年的人。」「年青的人有何可怕？你是看他們的面相要遭橫死麼？」巡撫推想他不外此事，那知姓闞的所說的「可怕」並非此事。他說：「請你恕我胡說大罪！」他看看巡撫在輕輕地點頭，又繼續說：「咱們大清天下恐怕不會太長久的……」他還沒有說完，巡撫截住說：「你這眞正是胡說了！難道在他們那小夥子裏面，你會發現了眞命天子麼？」「眞的！」闞君一面翹起大姆指說，「他們個個都是『至尊』之相！」「那就不靈了，」巡撫又說：「『天無二日，國無二君』，至尊那有許多啊！」闞君遲疑了一下答道：「我想，將來海內恐怕會四分五裂，各立爲王呢！」巡撫看他敢於這樣肯定地說，同時他過去所說的事也多半很準，就轉而問道：「那幾個是誰？其中那一位是最……」闞君不等他說完就答道：「那個最的是袁世凱。其餘各位我不知道他們的名字，只知道是姓黎的、馮的、曹的，還有一個姓段的。」巡接着就問：「你看袁世凱幾時走到『至尊』的大運？」闞君答道：「那晚我因爲忽然發現了這件事之後，心裏大有不安，所以當時只是看到他們的大局，還沒有注意到這一點，如果有機會，讓我再去詳細的看一下，就會明白的。」巡撫聽了就說，好罷，過幾天你就再跑一次好了！

過了幾天，巡撫特意再派闞君到小站看袁世凱去。回報說：「袁世凱要到五十三四歲，才走到一生登峯造極的大運，惟是時間不久；也只有一個運，不能超運五年。」因爲當時袁世凱只是三十零歲的人，算來還有二十餘年，來日方長，這樣事說的也就過去了，巡撫也不去關心它。

後來聽說在「辛亥革命」那年，淸廷之所以召袁世凱入宮商量大計，就是因爲某鉅公以前聽見山東巡撫說過這件事，認爲「天命」所在，有意給袁世凱一個機會的，至於那幾位姓黎的諸人，後來也經好事者調查出，原來就是當年的無名小卒，而後來也都先後當政過的黎元洪、馮國璋、曹錕和段祺瑞諸人，前三人都當過總統，段祺瑞也當過執政。

袁世凱死後，因爲這件故事傳遍了故都，所以國內善於算命和看相的人士，都想利用看集體的命相，來推斷世局的轉移的，不過，所難的就是當政者的集體八字實不易得到，而要看到他們集體的相則更難，不然的話，這種辦法倒是一種合乎科學的做法的。據說北洋軍閥之所以不能保持長久，就是由于異相的人太多，「粥少僧多」，「皇帝輪做」，就只好一個人當政一二年的，也有幾個月的了。

北洋軍閥中，後來分直系和奉系兩大派，直系就是當時「直隸」省籍的軍人，以曹錕爲首的一派；奉系則是關外「奉天」省籍的軍人，以張作霖爲首的一派，當時這兩派，奉系盤據東北三省，有天險的地理，有天富的財力；而直系則以軍力稱雄：因爲當時名震全國的吳佩孚，是直系的軍人領袖。吳佩孚號子玉，是一個秀才出身的統帥，器宇當然也很不凡，在當時頗有左右全局的權勢。

但是，當吳佩孚全盛的時候，有人替他算過命的，說他不久就要下台，誰也都不會相信；但是，眞想不到，當民國十五年國民革命軍北伐時，果然在湖北把吳佩孚打得落花流水，不久就下野了。後來有個看相的又說他晚年還有一個大運，但因吳氏的眼運雖過而兩眼浮光未退，怕他就在那大運中死於非命；如果不死，還有五年的天下好打，果然在日治時期曾已組織軍政府，因爲不接受日本的條件，被日人派一個牙醫生，爲他醫牙時，把他大牙一拔，就一命嗚呼哀哉了！

二十九　命中無印不能爲官

前幾天我們曾說過「吳佩孚老師無官運」的故事，這故事在北方各省曾一度成爲酒餘飯後的談資：因爲當時吳佩孚是總統曹錕第一號紅人，自己又是北洋軍閥領袖，官居獨一元帥崇高的地位，那知要使老師做一個省長，本是易如反掌的事，竟然因爲老師自己沒有官運，便做不成；這不免使人對於命運的作用，太感奇妙而可嘆了。

後來北方許多算命先生當這位張老師病逝北平之後，爭相把他的八字公佈於命館門前，作爲命運的廣告，證明一個人如果沒有命運，就不能有所成就，而不信命運的人，要想違抗命運，不特徒勞無功，而且必然失敗塗地。

據說，這位張老師，當他第一次考舉人不中時，曾去算過命，算命先生直說他「命中無印，不能爲官」，曾勸他不要再作科舉之夢；但因當時他年紀青青才二十多歲，當然雄心勃勃，不容易相信命運之事。然而，事實上第二次應試不第，第三次又不第，他才向命運低頭了。當他第三次上濟南府考試時，曾在濟南城隍廟附近一家命館叫做「紫陽閣」的算過一次命。算命先生曾對他這樣說：「你的命運，論功名止于秀才，因爲你命中無印，淸閒之格不是富貴之格，所以雖然你過去已考了兩次舉人都不能中，而這第三次也一樣名落孫山，這不是你的學問不如人，而是你的命運不如人。」他不信，就問算命的說：「什麽叫做命中無印？無印的人偏要做官的話，眞的無論如何都不成嗎？」他又堅決地說：「我不信，我想試一試。」

算命先生就把命中無印的道理加以說明之後，對他這樣說：「你如果此次考中了，你就可以不信；如果你依然落第，那就非信不可；如果你仍然不信，所發生的事實很簡單就是必然失敗，像這三次落第的失敗，你難道還要繼續失敗下去不成？」算命先生又繼續安慰他說：「不過，我看你的官運可能到了晚年或有機會，如果那一關能夠渡過去的話。」

「所謂那一關，是指那一年？」他問。「那當是六十歲那年，」算命的說，「這一年是你壽數的一關，如能安渡過去，則你當有五年至十年的官運。」他本來還不肯信，無奈第三次又落第的事實，使他決然放棄了科舉之業。

這位張老師此種故事，是他自己後來當吳佩孚全盛時把他由山東接到北平養老之後，告訴別人的。但因他自己後來也學了算命，對自己的命運有了偏見，明明是大壽結束之年，偏認爲官運轉向，所以垂老想當一任山東省長，結果沒有接印就先赴道山了。事前他也曾親到北平前門去一家當時負盛名的天乙舘看過命。天乙舘算命先生問他：「你過去是否連縣長這樣的七品官都沒有任過？」「是，自二十歲那年中了秀才之後都沒有做過官。」張老師答。

「那末，你現在打算榮任山東省長，省長是第一號正印的一品官，你秀才出身，連七品官都沒有做過，那有能任一品官之理？」算命的又補充說，「我看過許多命，雖然有出身微賤而突然發跡貴居一品高官的，但必須他命中有正印，到了大運配合，扶起了他本身，便可突然起來了；像你這樣本命無印的人，決不可能有此奇運，除非你是曹總統的親信，那就又當別論了。」張老師聽了這話就說：「如果我是吳大帥的親信的話，是否也可以又當別論呢？」天乙舘主人聽見張老師這樣問，就知道他必定是吳佩孚的親信，立即將曹錕和吳佩孚兩人的八字拿出來，擺在張老師面前，因爲他在談話中，看得出張老師也會知八字的，就先把曹錕總統的命運對張老師解釋其中的道理說：

「我剛剛所說的除非你是曹總統的親信，並不是指總統的地位說，因爲他的八字是壬戌、壬子、庚子、丙子，現在正行官星得旺之運，丙又是你的貴人，如果你是他的親信，他的八字和你的八字有調和作用，六親同運，你便可能得到他的幫助；至于吳大帥的八字，於你雖無衝刼，却無多大幫助之處；所以雖然吳大帥和曹總統是二人一體，而對你的命運言，却不能以一概論了。」

「那末，依你的看法，我的所謀當不能成功了？」張老師又補充說：「請你認眞地說，我的壽命今年又如何呢？」「不瞞老先生，你也是此道的內行人，不用我說，你自己也會知道的。」算命的繼續說：「你是山東出生人，今年立秋以前你宜去南方之地，不宜在此西北之地，今距立秋不遠，而你又在進行省長高官，似非所宜。」

張老師聽了天乙舘算命先生這樣說：當然自己心中也有數，認爲言之有理。但他又明知自己此時絕不可能去南方，就是去，似乎也來不及了。於是就問：「你剛才所說的，當然言之有理；但我現在已不能去南方旣是事實，那末頭一件事，我的大壽是否今年不得渡過？第二事，如果能在立秋前能得到曹總統的特任狀，是否可以用這高官貴人，一貴壓九賤，把我今年尅星壓住呢？」

「這正是另一個又當別論的問題了。」算命的說，「依命理言，你命中既無印即無官星，而今年又逢三申冲寅，論理不該見官，論壽命，大運宜南而你向北，五行相背，立秋後至立冬前，應是難渡此關；但若有先人或你自己大積德，那就是所謂又當別論的問題。惟是，依你的八字看，既五行缺印，祖先及父母並無大積德之可言，理至明顯，至于你自己有無積德之事你自己當比我更明白，我亦不必說，所以我以爲，你的大命今年秋間也可能渡過，但當以變格論，不能以常格論的。」算命的這話，就等於說他今年壽終是難免的了。

「至于你所問的第二個問題，特任狀是否可以壓住你今年的尅星問題，我剛才已經說過了，今年論理不該見官；所以依我的看法，不見特任狀還好，見了特任狀恐怕反而不利；因爲這不是你的命運之所能承受的東西，有了必然是反害無疑。」最後算命先生又補充說：「我奉勸老先生，還是在家裡閉門養晦，過了今年，等到明春再談其他問題。」這位天乙舘主人可以說把吳佩孚老師的命運說得淸淸楚楚了。而這位張老師既不是不明白，也不是不相信，只因他自第一次考舉人不中時算命的說他功名無望，就有一種熱望功名的潛意識作用，所以硬把自己的八字加以自私的解釋。同時，據親近他的人說，他也明知立秋之後渡不過今年的壽數，爲着他曾盼望死前能有榮任省長的令譽，所以就不得不要求吳佩孚替他特別出力了。結果這事果如天乙舘算命的所言，見官於命反而不利，以致見官之後沒有幾天就一命中風死了。事後文有人說，這位老師對于女色之事頗多缺德，所以算命的說他，至于你自己有無積德，你自己當比我更明白，於此亦可見一個人的積德與否，對于壽命確有密切的關係。

三十　看相先生因禍得福

一九四二年秋天，在北平什錦花園一個朋友家中遇見一位當時是天津市政府某局長彭君，此君原是英國留學生，但他的夤緣官場，倒不是靠留學的資格，而是靠看相的高明。

他自民國初年由英國囘來，就靠他的看相結交北洋政府許多首要，一直官運亨通。此君因看相靈驗，被人綽號爲彭神仙，差不多北平天津一帶凡在政治上混過的人，沒有一個不知彭神仙這大名的。

據知道他的歷史之人說，他原是一個看相先生，廿幾歲的時候，在上海西藏路新世界游樂塲附近設攤爲路人看相的，有一天他的攤頭來了兩個傭工的女人，有一個滿面愁容的請他爲她看看相，問問最近的吉凶休咎，以及有無財運。那時因爲他年輕，喜歡直言直斷，還不明白江湖之術，需要婉轉出言，不負責任。他看了那女人的氣色，就對他說：「你的氣色再壞沒有了，不特沒有財運，五天之內，且恐有殺身之禍，你要好好地躱在家裡，足不出戶，五天之後再來見我。」

這女人是在人家當傭婦的，到底那天爲了什麽事去看相呢？原來當時上海字花猖狂，這位女人因賭字花，不特把自己積蓄輸光，連把丈夫的積蓄也輸盡了，還欠了一身債，去看相的目的，希望看相先生能說她有財運，她就留命等發財；而看相先生偏說他不特沒有財運，且有殺身之禍。這一下使她太失望，她囘到家裡，一想起看相先生所說的「五天之內，恐有殺身」一語，不禁驚恐萬分；因爲她早已知道她的丈夫將於五天之內由寧波行船返來上海的。她想，看相所說的「殺身」之禍，無疑是她的丈夫一到家，知道她竟把丈夫當船員所積蓄都輸光，還欠人債，一定會把她活活地殺死的，於是她就在丈夫船期到滬的前一天也就是看相的第三天，就懸樑自盡了。

第二天她的丈夫回到家裡，知道自己的妻子昨天才吊死，陳屍在殯儀館裡，經過鄰居證明確是自殺之後，他自然要追究自殺的理由。那位前五天陪她同去看相的女人是她的表姑，不能不把賭字花輸光所有積蓄的情形，以及看相先生說她有殺身之禍的話都說了。當海員的年青丈夫，聽了這話，怒火中燒，認爲這都是看相先生說話太嚴重才害她死的；於是她就帶同表姑來找看相先生了。

上海新世界游樂場附近一帶，算命、卜卦、睇相、圓光等的攤頭比比皆是，那位表姑帶同死者丈夫到了那裏挨攤認人。僥倖得很，這位姓彭的看相先生剛剛離開攤位去飲茶，同業中人聞知前幾天來看相的女人已吊死，她的丈夫是來找人拚命的，於是就跑去茶店裏叫他暫避風頭，以免被她丈夫摔翻攤位，還要被拉去警察局的。

第二天起，爲着避免這人命的官司，不得不躱在家裏了。在家無事突然記起昔年學看相時，老師曾說他二十幾歲那時將有一個很大的轉變；於是他就獨自對鏡看看自己面上的部位和氣色。本來人們都有「賣貨不吃貨」的習慣，看相先生對自己的相不會去關心的。今天這一看，果然看出今年的驛馬有遠行之象，而且氣色所呈現的不是晦氣而是喜氣。於是自己打算換一埠頭，想到北京跑碼頭去。

但是，到北京並不是容易的事，行糧坐糧他一糧都沒有，那裏跑得動呢？本來他在西藏路每天生意不錯，混混每天食住是沒有問題的，但一連半月躲在家裏，坐吃山空快要到了斷炊的時候了。怎樣辦呢？無辦法中，想起有個山東同鄉在太古船公司爲船員，過去彼此頗有交情，想去找他帮忙一點盤費，打算到北京去。於是他就找同鄉去了。

湊巧得很，去看同鄉的第二天就是這位同鄉開船去英國的船期，如果遲兩天就找不到的，可惜這位同鄉朋友手邊有些錢欵都已買了私貨準備帶去英國，再沒有現欵可以帮他忙。急得沒法，朋友就向他建議，請他明天就當個臨時的船員和他一起隨船去英國，橫豎他既不能在上海做生意，在船上有住有吃，還有臨時薪工可派，囘來也不過幾個月日子，囘到上海時看看情形再說。他迫不得已，就這樣就決定和同鄉朋友一起到英國去了，驛馬動，動得他連做夢也不會想到會由一個看相先生變爲船員，而且到英國去的。

到了英國，因爲他沒有氣力，不宜於船員工作，於是就拜托同鄉介紹岸上工作。不久他就開始讀夜校；不久他又改讀工讀學校；就這樣他變爲正式的留英學生了。這位彭神仙的留學，原來是如此這般因禍得福的。到了學成囘國，便以一個精於相術的留英學生姿態，活躍於社會場中而到處受人歡迎了。

三一　避凶不愼依舊凶

抗戰勝利那年，有一個人曾在日本憲兵隊做過事的，一聞敵軍宣告投降，就跑到上海霞飛路有名的瞎子算命張燮堂那裏去問問流年如何。算命先生告訴他「遷地爲宜」，而且要向東北方去，住在近水的地方才好。他就問，要住多少日子才能渡過難關呢？張燮堂給他屈屈指頭算了一算，說要閉門足不出戶十八個月，才能渡過大難。剛好，在上海的東北向長江北岸的海門縣，他有個親戚住在那裏，他就跑到海門縣，躲在親戚家中去了。住的地方剛好在長江邊上，開門便可見長江，他想，此地既是東北向，而又臨水，眞是合乎算命先生所指示的地方，現在所要做的只是十八個月的足不出戶，這事當然辦到的，想到這裏，他就心安了。

一月一月的過去，好容易躲過了十四個月之中，他和家裏不通消息，家人也不知他的去向，事前他爲着要托人照顧家裏，也需要知到家中的情形，就和住在上海的一個表弟，約好每兩三個月用化名通信一次，過去十四個月通信了三次也都平安無事，但事情却非常奇怪。有一天，表弟家裏來了兩個客人，是舊同學，抗戰時到內地去，新近才從內地來到上海的。客人進門剛剛坐定，正巧郵差派信來，客人中有一位，無意中瞥見來信中有一封，信面的字跡好像很熟，似乎以前曾經看過的。

於是他一面在話舊，而一面在追憶那信封上的字跡；雖然一時記不起來，好奇地又把那信封多看了幾眼。第二天他到警備司令部辦公去了，在辦公廳記起了那封信上字跡就是那個被人控告的張明遠的筆跡，他是敵僞期間在日本憲兵隊裏做漢奸的，於是他立即把張明遠的檔案翻出來看一看，果然昨天那封信面所寫的字和檔案中張明遠的字跡一樣，如是他立刻坐了出差汽車到張明遠的表弟家中去，對朋友說明自己是在司令部裏做事，幾個月來奉命追捕張明遠歸案，有人報告說此人躲在鄉下，時常和他有通信，現在請他把張明遠的住址說出，就算是由他告密的，否則還要株連他有包庇漢奸之罪的。迫不得已，張明遠的表弟只好把海門縣的住址說出了。因爲他從前聽見張明遠說過算命的事，朋友去後，立刻就跑去找張燮堂，問問此事的吉凶。

張明遠的表弟見到瞎子算命張燮堂之後，先把自己的八字報出後，問他今年流年如何，張燮堂竟然開口便說：「你在幾天之內必有小官非，事雖不大，小心爲宜。」因爲他心中怕被株連，就問：「用不用躲避一下？躲避得了嗎？」瞎子說：「看來這事當在前天昨天兩日之內就發生了，也許你自己還不知道；既然發生了，躲避也來不及了，」張燮堂又想了一下，說：「不要緊的，小麻煩就會在這三五天之內過去，好在你這事被株連的。」接着他又把張遠明的八字請問瞎子說：「這八字去年曾看過，你說他要遷地爲宜，他也依你的話去東北向近水的地方了，但不知現在還有四個月的危險期間，是否可以平安渡過。」

張燮堂屈指一算，就搖搖頭說：「此人要出事的話，就在這七天之內，如果能渡過這七天就會無事了。」那曉得警備司令部一得了張明遠的住址，深怕他的表弟通風，當天晚上就把他的表弟看管起來，一面連夜專輪趕去海門把張明遠逮捕了。他的表弟在警備司令部關了五天，經過幾次問話之後，才把他釋放回來。第二天他又到張燮堂那裏，把張明遠和自己這幾天所經過的事告訴了他，問問自己是否就這樣可算犯了小官非。張燮堂告訴他，小官非就算這樣過去了，不再麻煩的事了。但張燮堂對張明遠的命運却斬釘截鐵地說：「此人不聽話，大命難逃了！」表弟就問：「他不是聽了你的話逃到海門去了，而且也眞的足不出戶十四個月了，何謂不聽話？」張燮堂笑笑地說：「我叫他足不出戶，而他還和你通信，毛病就出在這通信上面，這叫做『足不出戶，身行千里』。他的『手出戶』比足出戶更厲害千倍了！」四個月後，張明遠果然槍斃了。

像這樣事實，可以說明命理之事並不是什麽玄妙不可言，其中也確有人事上的道理的，張明遠能夠渡過十四個月的平安生活，證明「遷地爲宜」是有用的；如果他不去海門，早就被槍斃了的，至于後來的被捕，完全是由于避凶不慎所致，如果不寫信，連手也不出戶的話，這殺身之禍不是可以逃過了嗎？所以命理上所謂「避凶趨吉」確有其事，所難的就是避凶要「澈底」的避，趨吉要「及時」的趨罷了。

卅二　及時趨吉便得吉

命理上所謂「避凶趨吉」的話，許多人以爲這是算命先生的江湖口訣，騙騙人的安慰話而已，其實，雖然有的事不可能避凶趨吉的，但有的事却也可能用避凶趨吉的方法去應付的。比如上篇所述的「避凶不愼依舊凶」的事實，完全是由張明遠自己的謹愼不夠，否則，十四個月都平安地渡過了，餘下四個月，如果沒有寫信出去的話，論理更容易渡過去的。至于「趨吉」之事，也有「及時」行事的意義，這在命理上叫做「吉辰」，就是俗語所謂的「良機」莫失的意思。現在我再述一件及時趨吉的眞實故事。

我的朋友有好幾位在抗戰期中，在上海都坐過敵僞期間有名的特務機關上海極司非而路「七十六號」的牢的。勝利後許多坐牢的朋友常常見面，酒餘飯後講述獄中情形實在太有趣，其中可歌可泣的事固多，而奇奇怪怪的事也不少，現在就命運的事說一件關于集體逃獄的經過情形。

當上海陷落敵軍之手之後，我方的地下工作人員先後被敵僞逮捕的不少；當時關在南市一所日本憲兵隊的拘留所中的，就有一百七八十人之多，他們雖然都嘗盡日本人所有的酷刑嚴訊，但這些祇是一時的痛苦，他們多半年靑體壯，還能挨打吃苦，其中最使他們年靑人痛苦的，還是「挨餓」和「呆坐」二事，那就是日本憲兵隊的監獄裏，每天兩餐吃不飽的挨餓，和白天不許發聲的呆坐，他們認爲這是比死更痛苦，如果有「逃」的機會，就是冒「死」也要幹。但日本憲兵對他們看管之嚴，「逃獄」可說是一件不可想像的事。其中有一位名叫陳國禎的（就是自述此故事的人），他在獄中記起，在被捕前幾個月，他的姊姊就帶他到上海八仙橋附近一家命館算過命，算命先生說他今年立秋之後有「百日牢獄」之災，當時他姊姊曾問算者，百日之後是否可得平安？算者說，立冬之後必有極好的機緣，解脫牢獄之災。陳君此時才十九歲，小孩子本來不會相信有命運的；但是現在他身在牢中，記起過去的事，就不能不相信了，他屈指一算，從被捕迄今也快一百日了。因為相信了算命的話，就對於所謂「立冬之後：……解脫牢獄」之言特別有熱望，由是他隨時在留意「逃獄」。

當時關他的那間監房是在二樓，一共關着十二個人。無意中，他和同囚說起算命的事；眞巧，其中也有一人上半年算過命的，和他所說的情形差不多，也是立秋之後有百日牢獄之災，由是，他們兩人對於脫獄具有信心，决定合作，可是，憲兵隊的門禁既森嚴，而他們又手無寸鐵，眞可謂插翅難飛，怎能逃呢？然而，命中既然注定，便有奇蹟出現。

有天，又在無意中，打開地板上一個小板子，發現裏面有幾根爛香烟，還有一支鉛筆，一條板尺，他伸手進去再一撈，天啊！裏面竟然還有一個鐵鑿和一個鐵鎚，這一發現，眞使他們喜出望外了。他們認定這是天賜的機緣，他們以極度興奮的心情，竭盡智慧，尋想如何利用這兩把鐵器來逃獄！起先他們想用這鐵器來打死日本兵，但想得太幼稚。

後來他們明瞭那監房周圍的環境，和這屋牆後面可通街路，要逃獄，就只有鑿穿牆壁，逾垣而下的一途。他們經過幾天的密議之後，就決定如此這般，利用有一天的大風雨之夕。等候日兵半夜換班之後，一個人爬進上下地板的夾縫中，趁着外面大風雨怒號的聲音，用鐵鎚鑿去打穿樓地板下面的牆壁，他們十二人輪流爬進地板下去工作，空着那一個舖位，就把衣服放進棉被中，喬裝一個睡的人，去瞞過夜裏看守的日本兵。

經過了兩夜的冒險，和辛苦的工作之後，準備逃獄的大功已經完成。他們爲着平安計，決定黎明逃脫，逃獄的工具，除撕破幾件衣服作成墜牆的繩之外，每人身上只能穿着短衫褲和足下一雙鞋子，因爲一個個的爬進樓地板，再墮牆而下，需要相當的時間，所以每人所着的棉衣，都應放進各人舖位上的棉被裏喬裝睡人去瞞騙看守兵的，可是，當他們十二個人都墜下了監房的牆根時，立刻發生一個難題：那樣大冷的天氣，個個身上只穿着短衫褲，而且天色才黎明，冷雖不怕，這樣子走在路上，如果碰到日本兵和警察，不馬上被看出是逃犯麽？

急令智生，正在徬徨之際，其中有一人突然低聲的下口令：兩人一排，跑步！大家也立即會意，由是，「一二……一二」地，他們就冒充練習長跑的青年，竟然整隊揚長的由南市跑進了法租界的鐵欄柵。

更奇怪的是，當陳國楨跑到呂班路他的姊姊家中時，他的姊姊還沒有起床，他的姊姊知道是他囘來了，在房中以驚奇的聲音，喊道：「四弟！眞的你今天囘來了！你記得沒？那算命眞靈，今天剛剛是一百零一天啊！」

他們一道逃獄的十二人當中，有一個叫鄒東仁，一個名叫俞本全的，因爲在獄中聽見陳國楨說過算命的事果然應驗，有一天他們兩人就一同去陳國楨以前算命的那一家也算一算。爲什麽要算命呢？因爲他們是否歸隊繼續工作？他們不能自決，很奇，他們兩人的行運竟然相同，算命說他兩人前些日子都難免牢獄之災；可怕的是說他兩人三個月之後又有牢獄之災，他們問有無逃避之道。算命說，要想逃避只有兩種辦法，一種是「遷地爲宜」，到內地去，一種是「深居簡出」，關在家裏不要出門。

剛由日本憲兵隊裏逃出的鄒東仁和俞本全兩人當然都決定不再歸隊了，本來二人都想一同去內地，他們也認爲，縱然避不了牢獄之災，離開上海，不吃日本人的官司總是好的，但因鄒東仁的父母都在上海，不能成行，後來就在上海法租界一間和尙廟裏謀得一個雜工，並與當家和尚約明為着避災不出寺外，結果鄒東仁也果然平安地渡過了那三個月之後的災難，後來據另一位算命的說，此種硬關在廟裏而且吃素，雖然不算為災，却和牢獄也不多了。

至于俞本全，離開上海之後就到金華去，因為他有個親戚在那裏開雜貨店，他就在店中帮忙，有一天有一個軍隊裏的雜役來買物，那時金華算是抗戰在浙江的前線，作戰氣氛很濃，而軍隊裏人員也多少帶有傲氣，買賣時因價錢問題和老板鬧了起來。俞本全看不上眼，就上前對那上士兵說：「像你這樣還沒有看見過日本兵的就這樣威風開口罵人，那末，像我曾被日本兵關過五個月的就非開口吃人不可了！」兩句話還沒說完，拍的一拳，俞本全把那個上士兵的鼻血打出來了。當晚，俞本全就在軍隊的看守所裏坐牢了。還幸他身上有好幾塊日本兵用香烟火頭燒過的疤痕，營長也認得俞本全的上司，第三天就放出來了。這些事實，都可見命理上所謂及時趨吉便得吉的理由。

卅三　滿面紅光不宜秋天

有一個對於睇相頗有工夫的朋友陶半梅，閒着無事，每每碰到熟人便看相，說長說短，相信命相的人固然歡迎，不相信此道的人，却不免十分討厭。但此君爲着自己要研究，不管你們歡迎不歡迎，却一視同仁，非說不可。有一天在我家裏閒談之際，我的親戚小王也來到。這小王原是不相信命相之事，平日也常鄙笑老陶胡說八道的。老陶因此平時見到小王就不多談相。但是那天在我家的情形不同，小王一進來，他就特別注視小王的臉色。小王就笑對他說：「老陶！今天你若要和我談相，就要說實話不要說空話，要說這幾天可見的事，不要說你百歲以後的事，無根可據。」

「好的。」老陶接着就對小王說：「在十四天之內，你要特別小心，妨有不幸之事發生。」「你又來和我尋開心了。」小王說：「爲甚麽不說我十四天之內炒金得手？橫豎你總是胡說八道的，說我開心的話不好嗎？」老陶回答說：「這一次請你原諒，下一次再說你好的。」

那時小王正是在做投機的生意。我這位親戚倒是一個循規蹈矩的人，他雖然不相命運，但因爲老陶過去對說相之事倒相信當靈驗，事實上並不多胡說八道，所以一聽老陶的口氣也不能不有一點疑慮；因爲他平時曾聽過「君子問禍不問福」的話，老陶今天既說他十四天之內有事，在這眼前之事，就不能不注意的了。於是他就問道：「既然近在十四天之內，我當然也聽你的；但是，你若是有本領，應當說明我所發生的事故到底是怎麽一回事，也讓我好好地預防一下。」說了，小王就在等待老陶的判斷。

「這時候是深秋的季節，依氣色言，不宜像你這樣紅光滿面的氣色。所以依我的斷定，在這十四天之內，你以躲在家裏爲上，如果你仍照常出門，也照常上市場去炒金的話，那就不免發三件事，不是身體受傷，就要破財；若不破財也不受傷，那就難免有十四天的牢獄之災了。」老陶細看小王氣色之後又說：「大概牢獄之災成份很多；總之，足不出戶十四天，才是最好的逃避辦法。」小王看見老陶敢有如此確實的斷定，就想到投機生意的失敗上去。因爲他自己這幾天心中也似覺得有些不安的情緒。

於是，他決定聽老陶的話，明天起就躲在家裏，裏足不出戶兩星期。爲着避免「禍從天降」的事情，他決定在這十四天之內自己不接電話，所有打來的電話，都由家人把它回掉，說他本人這幾天到天津去，小王把這計劃決定了，就交由他的太太去執行，因爲他的太太十分相信命運之事，交她執行那是最好的，第二天，小王就躲在家中了。

過幾天，有一個平日和小王常在一起去炒金的，來到我家，剛好也碰上老陶，他就用鄙笑的話語責備老陶說：「你這看相佬眞是害人！這幾天小王因爲聽你的話躲在家裏不到市塲去，昨天已看得出最少丟了十幾根金條子了，若他在塲，所撈來的，絕對不止此數。」接着他又說：「命相之事眞是靠不住，每每未見其利，先見其害！」

之後，這位朋友就在我家打電話給小王太太，請她把昨天已見破財之事轉告小王，讓他心中不要躭心還有別的災難了。接着因爲小王聽見老陶也在我家，就隨手打電話來問老陶，說是昨天市塲的損失，算不算破財，是否就算了「不幸之事？」老陶在電話中就對他說：「你自己照照鏡子，也可以請你太太看看，你的滿面紅光退了沒有？紅光退了，就算事故過了，若是一天未退，就是那事故還未過去。」接着小王的太太說話，說是小王的面上紅光，一點也沒有退，於是老陶轉過頭對我們說：「小王的牢獄之災，恐怕難免的！」但那位小王朋友，搖搖頭，表示不肯相信。大約過了三四天，半夜裏小王家裏打來電話，說是小王剛剛被警局抓去了。第二天，朋友們四處打聽，市塲上沒有毛病，朋友們也都沒有出毛病，他的被拘，莫名其妙。朋友們來問我有無大礙？我說，市塲上旣沒有出毛病，在警察局裏關幾天沒有大礙的，過幾天，小王果然囘來了。到底是什麽一囘事呢？他說，警察局最近破獲一個走私機關，在一個嫌疑犯的家中發現小王的名片，就按名片上的住址把小王抓去了。同時小王還告訴我們，他被拘的是在晚上，第二天他在警局中照一照鏡子，面上那種紅光，果然退了很多，據看相的說，此種相理常爲常人所不明白，「滿面紅光」，只宜春天夏季，不宜秋天冬季，如看錯了，就有認禍爲福之禍了！

卅四　彭神仙暢論驛馬

這位留學英國被綽號爲彭神仙的看相先生，現在如果還在北平的話，我相信他仍以看相交遊社會消磨他的古稀晚年的。因爲他不特相術高明對于各方面的知識也很豐富，只要你肯請他爲你論相，你的一生吉凶休咎，絕對不能逃出他的眼光；他也必有把握地使唯物主義者向他低頭。

那天我在北平什景花園友人家中是第一次碰見他。因爲初次見面，我不好意思就請他爲我看相，而我有一位不日將要到上海去的朋友祝君，也是初次和他見面的，爲着到上海去有一件事要進行而未完全决定，就請在座朋友介紹，請彭神仙給他說幾句。因爲要試試看彭神仙能否看出他快要動身，就故意的說，祝君是剛從上海來不久，要在北平謀事，請彭先生看看謀事能成與否？目下氣色如何？

眞是奇哉妙也，你想這位彭先生只看了祝君一下，對那位介紹朋友怎麽說？他微笑了一下，就說：「你這位朋友，我看他不是剛從上海來不久，相反的，而是不久就要去上海的吧！」他又笑笑地說，「你可以騙我，我也可以騙你，但騙氣色却騙不過的。我看令友祝先生的驛馬，如果是剛從外地來，那該是退色，而現在他是進色，而且已進到了夠時候了，所以我看他就在這五七天之內就要走的。」

「就是走的話，走東北爲何不可？何以你偏說他要去上海呢？」那位朋友這樣頂了彭先生一句。「這就是看氣色工夫的淺深問題了。」彭先生說，「普通初學的人，只能知道驛馬動與不動，但不能說準幾天之內要動；工夫深一點的，就能看出在幾天之內非動不可，至于走動所去的方向，那是第三層的工夫了。人的面部也有東西南北的四方八面的，氣色於某月在某方呈現，這就顯示要從某方去某方，便能看出走動的方向。同時還要能看出幾時囘來，才算看驛馬氣色的工夫已到家了；否則便算不得精到。」

「那末請你給祝先生再看看他此次去上海要幾時可以囘來？」這位朋友又轉過臉對

祝君說：你要不要問問看，到上海去的事如何？」彭先生不待祝君開口，就說：「依我看，祝先生的目的地不是上海，他本是要走向西南方的，像湖北湖南江西等地，不過因交通關係需要經過上海罷了。」

「這一點你却看不準了，祝先生到上海，不會再去別的地方，而且個把月就要回來的。」那位朋友對彭神仙又這樣頂了一句。但彭神仙却堅定地這樣斷言：「也許你不知道，而祝先生自己知道；甚至也可能連祝先生自己也不知道，要等到上海才知道也不一定，不過，我却已經知道了。」

彭神仙這句話却把祝君說得驚奇起來了，「哎啊！彭先生你眞不愧被稱爲神仙！」祝君大聲地對大家說，「我昨天以前還只打算到了上海一個月就要回的；昨天才接到朋友來信，說是要我到上海和另一個朋友一同到漢口去一下，所以要我在此間多請假兩星期的。眞是太奇妙了，難道這驛馬的氣色，要經過上海也可以看得出嗎？」

「那不是說要經過上海也有氣色可看，我頭先所說的你恐怕要到上海去，那是根據知識爲補充說明的。因爲你面上所呈現的驛馬氣色是要向西南方向走動，而現在京漢路不通，要走西南非先經上海轉道不可，所以我先斷你要到上海去，因爲我不能看出你到底到西南的那一省，所以不如說上海更有把握。」彭神仙又繼續說，「至于你此次去漢口，似乎不會再回來，你儘可把這裏的事辭掉，用不着考慮，你那邊的事必定成功的；因爲你不特驛馬動，而官星也動，你此次是高陞了的；恭喜你步步高陞，發財！」

這一下祝君的秘密却被彭神仙揭發了。原來祝君已謀妥了漢口方面一個獨當一面的差事，他一面怕所謀之事中途有變化，又怕此間長官不讓他走，所以只說去上海探親，請假一個月，現在這秘密却被彭神仙看相看出來了。於是朋友們就即席向他道喜並約定日期餞行了。

因爲彭神仙不是看相爲職業，所以有機會問他如何看法以及此中是何道理，他總是願意告訴人家的。他以爲看相是社交上最好方法，所以那天席間有人問他何謂驛馬以及所謂動與不動的氣色時，他就指着面部的眉尾上面方寸的地方，說這就是驛馬的部位；這地方發現紫色或粉紅色，便是驛馬動的氣色。如呈現灰暗色，那就是欲動動不得，甚至動而打回頭，至于動的日期和方向，那就需要多次講究細看，有了經驗才能明白的。

卅五　女人無命但看夫星

命書中有句話對女命說的：「女人無命，但看夫星。」這話在女士們聽來，未免覺得不大順耳，爲什麼我們女人無命？爲什麼但看夫星不看自己？其實這句話不是這樣解釋，所謂「女人無命」，並不是說女人沒有命可看，而是說看女人的命和看男人的命不同；因爲過去的女人都是以夫爲主體，所以應看命中的「夫星」，不像男命要看「本命。」

女人命中的「夫星」，就是男人命中的「官星」。男人命的一般看法，是先看「身宮」即本命，其次看「官星」即看「貴」，其次看「財星」即看富；再次看「子」、看「壽」，女人命以夫星爲主，夫星好，她就是好命的人，夫星不好，便是命苦的人了。所以女命比男命容易看。

有一次在北平東安市場中一家命館裏坐談。那是我開始研究命理之學不久，時常和兩個朋友到那裏作實地的學習。因爲那家「有竹居」命館的主人是我們的熟人，也是我們老師的舊友，所以要向他學習一些實際談命的秘訣。有竹居主人曹先生是滿清舉人，命理高明實遠出一般江湖術士之上。我們每次到他那裏都有極佳的收穫；那天我們在那裏看到三位的女命，實在證實了所謂「但看夫星」的道理。那天來的三位女士，她們是相約一道來的，從她們中間的禮貌和稱呼，知道她們既不是一家人也不是戚屬，祇是彼此相識不久的朋友關係而已。她們三人都是三十多歲的人，也都是上流社會的太太。首先由一個自稱爲李小姐的報出八字。說是要「淸談命理」，兼問「流年如何」。

有竹居主人曹先生叫我們帮忙把她的八字排出之後。照往日的實習規例我們在一邊把自己看法寫在紙上，一邊筆記曹先生對客人的論斷；等客人走了，再來一次研究和請益，我和另一位同去的朋友所看的大體相同，都寫明「夫星明朗，夫爲高官，姊妹並見，夫有妾侍。」這意思明顯是說他是一個高官的夫人，而她之下還有妾侍，但不能看出其夫究有幾個妾侍，至於流年吉凶，我們寫的是「平平」二字而已。但我們把曹先生所對李小姐面談的記下來，和我們所寫的却相差很多，甚至完全相反的。事後我們向他請益時，他把我們的謬誤一一指出，才覺得命理此道眞不容易。

曹先生看完了八字，就對李小姐淸談命理，說：「照這八字看，雖在十五歲以前曾是小家碧玉；但十五歲那年秋天之後家遭大變，天翻地覆，她竟於一夕之間，從天堂跌入地獄了。十八歲後又幾經滄桑多變，不勝身世漂泊之感。二十四歲起，與人爭夫，身居妾位。三十歲之年，因病有色衰之象，乃有人與她爭夫；從此失寵於茲，已有四年的日子了。至於今歲流年，對於丈夫既有不利，對于自己又復有人與她爭夫奪財，日夕難免不安。惟此事當在六十天內顯有變化，望以樂天安命為要。」

接着李小姐就問：「有別的算命先生說，此人今年秋後有性命危險，不知確否？」

「不確，不是性命危險，而是地位危險；換句話就是說，今年秋後，她將有被棄下堂之象；因為只是她的『夫星被奪』，不是『命宮受尅』，所以性命是沒有危險的。不過到了那時，也可能因受嚴重的打擊，而有輕生之念而已。幸而只此一念而已，尚無嚴重差錯。」

事後我們就向曹先生請益關於我們看錯的地方。他說，凡是替人算命，不可把其人不欲告人之事當着人前直說，只要間接的隱隱的說，使他自己明白就好了。這位李小姐所報的八字，眞正是所謂「女人無命」的八字，因為她的夫星雖明而一生夫星不得位；所以她非娼即妾，而又離合無定。十五歲那年因父母雙亡，一夕之間淪為娼妓。十八歲從良之後，七年之中，三更夫主，我們不便在人們直說，所以僅言「幾經滄桑多變，不勝身世漂泊之感。」

我們因爲只能看出她有姊妹與她爭夫，却看不出她自己也是一個妾侍。後來經過曹先生指點，才明白一個女人是元配是妾侍，原來在八字上有很具體的根據的。至于他所斷的「三十歲之年，因病有色衰之象，乃有人與她爭夫」一節，經她自己的所述情形是這樣：那年她因宮外孕開刀割除輸卵管，因體弱在協和醫院治療三個月後才囘家，那知就在這期間，她的丈夫又有了一個女人。這在八字上本來只能看出病象與有人爭夫之象，而不能看出「色衰」確是不易的。後來我們明白，這位自稱爲李小姐的，原來是當時北洋政府某部長的第二姨太太，確然曾是妓女出身，不特過去事實完全對，而在那六十天內，果然她又下堂求去了。

那位李小姐所報的八字看完之後，第二個八字又由李小姐代報出來，大概他們不願意被算命先生認是她的本人八字，或者眞的是另有一個人托她也不一定。不過，算命不是看相，根本不需要看人，只是照八字論斷的。這第二個的女命比上一個人大兩歲，三十二歲。**這個女命依我朋友的看法應是尼姑或孤寡之命，而本年則有大災難；是何災難**

則看不準，好像大病，及好像有牢獄之災之類。

曹先生把八字細想又細想，好像也碰到什麽疑難問題似的。他抽了一口小雪茄之後，就問李小姐道：「請問你，這八字的本人可在這裏嗎？」事實上當時在座的三位女客，除了李小姐是一個看來是三十歲開外的人外，還有兩位，一位和李小姐差不多，而另一位則是三十歲以內的人；所以當曹先生問她的時候，我們都看看她倆年紀稍大的兩位，希望她倆說本人在座，那我更容易問問事實如何了。但可惜的她倆都答說「本人不在座。」於是曹先生就說：「你們中間，有誰能知她的身世比較清楚的沒有？」「我們都知道大概，」李小姐接着便指那年紀較輕的說：「她比較知道得更清楚，因爲她們是表姊妹。」

「把她的命運直說出來，沒有什麽不方便嗎？」曹先生向那位年輕應是表妹的說：「令表姊的命運頗奇怪。」那表妹就答說：「沒什麽不大方便，既然是命中註定的，就讓大家知道也無所謂，只要能夠看得準，看看她的後運如何。」

「此女人不幸的是太美麗了也太聰明了！」曹先生又向那表妹問：「你知不知道她現在這個丈夫，是她第四任的丈夫？而且這男人也不是她正式的丈夫。」那表妹還未答話，李小姐搶先答說：「不是第四任，只是第二任；而不是正式夫妻那是對的。」「現在這個男人，一定是她的第四任丈夫，不是第二任；命中看得出，在她十七歲以前，已經尅死了一個丈夫，退了一個丈夫，這事只有問她本人了。」曹先生又笑問那表妹說：「你曾知道她有過此不幸事嗎？」「如果把以前尅了的和退了的也算的話，那末她連現在的確是四個丈夫了」；「不過，那兩個尅了和退婚了的，都只是訂過婚，沒有結婚的，在命中也算是丈夫嗎？」

有竹居命館主人曹先生聽見了那表妹的說話，已經證實了他剛剛所論斷的一點沒有錯，便微笑地大抽其小雪茄，一面得意地說：「當然，既訂了婚，便是她的未婚夫了，此女人是尅殺三夫之命，如果是命理不夠高明的，很容易把她誤看爲相夫三次，使夫得貴之命，現在我已把她看準了的。」這時李小姐和另一個小姐，就嗟嘆地說：「命運之事眞是太奇怪了，這未嫁尅夫和解除婚約之事，我們統統不知道，而你算命先生却能把它看出來了！」

「據你先生看，她將來是否還要尅夫？」那位和李小姐差不多年紀的女客這樣問。

「如果他不是做人正式的妻或妾，就可以免尅夫；但她最後恐無歸宿；也就是說，她最後連非正式的妾侍都當不成。」曹先生又搖搖頭輕嘆了一聲道：「這命眞算是苦了，她犯了桃花煞，這桃花眞害她夠慘了，她十七歲那年的被人退婚，就是桃花煞害了她的；而今年呢，她又像十七歲那年的遭遇一樣，婚姻上又恐難免有變化了；但不知你們知道不知道她的最近情形？」「哎喲！曹先生，我們也不能瞞你，她今天自己不來，就因爲這事自己覺得不好意思當面對你說這事，所以我們替她問問看，她這次的事有無大不利的事故發生？因爲門外有個看相先生，說她今年有殺身之禍，她嚇死了，所以請你特別給她看看，今年有無性命之憂。」李小姐剛說完，而那表妹却插嘴說：「我眞不敢相信，在八字上能夠看出她十七歲那年爲的是什麽桃花煞被人退婚，你可否說說看，她當時到底是什麽一回事？而現又當是什麽一回事呢？」

曹先生說：「頭先我曾說過，此女不幸的是太美麗了也太聰明了！太美麗了，致使男人們要害她；而太聰明了，却自己害自己了！那些年輕時過去做錯了的事，我們依算命的道德，可以不說就避免說的；但因你們既要問到近今的事，就無妨把它說說，讓你們聽聽看我所說的對與不對；同時也可以把這前後十五年的事，作爲命理行運的證明，因爲命理上的行運是五年一運，她十五年前和今年是走同樣的桃花煞的運，所以發生同樣的事故了。不過這總是不好聽的事，望你們不要把它揚出去。」

有竹居主人曹先生於是就對她們三位女人先講論關於「桃花」問題，他說：「俗語有謂『命帶桃花人人愛』，這原是說好命的。命中有正桃花和偏桃花之別，女人命帶正桃花命的，就是面貌長得不好，也會得到丈夫的喜愛，吾人常常看見醜陋的女人偏得丈夫的寵愛，而面貌美麗的偏不能得寵這就是命中有無正桃花的關係了。如果命中帶着偏桃花，丈夫和別的男人都喜歡她，而本命若是不健旺，那就難免有妖冶不貞的毛病了。你們這位朋友，她就是正犯了這偏桃花，而且是一種成爲『刼、煞』的桃花，所以不幸了。」「偏桃花的女人，是否一定美貌的？」她們三人中有一個這樣的問。「偏桃花的女人，面貌不一定美麗，而態度却必定妖冶無疑。」曹先生微笑地繼續說，「不過，你們這位朋友，依她的八字看，却不只態度妖冶，而面貌也十分艷麗。」此時，那位年輕的却插嘴說：「一個人的面貌美醜等等，眞的在八字上都可以看得出來嗎？」「是的，一個人的八字，就等於一個人的相貌；看相的是看相貌，而我們算命則是看八字。」曹先生又繼續說：「依我看來，她的身材也比你兩位高，大約和李小姐差不多，而且她的皮膚都比你們三位潔白哩！我雖然沒有看見過她，但她的八字中所表現的是這樣，我說的對與不對，只有問你們了！」

「曹先生，眞的你所說的一點也沒有錯，她是朋友中皮膚最白的一個，而面貌、風度也的確很是美麗，所可惜就是命不好，眞是不幸？」李小姐說時不勝感慨樣子。「現在讓我說一說她在十七歲時的事情。」曹先生抽了一口小雪茄：「你們各位我想都會聽過『一枝紅杏出牆來』這句詩嗎？我們算命也借此句詩作爲女桃花煞的按語。女人命中帶着偏桃花的，又有牆外桃花與牆內桃花之別，這位小姐最不幸的又是犯了牆內桃花！她十七歲那年，就是因爲和她的同宗兄弟和姦了，才被她的未婚夫家退婚的？」「美瑛！」李小姐聽了這話不禁愕然，就叫了那年輕小姐的名字，問她說：「靜嫻過去眞的有這件事嗎？」「她毫無疑義有這樣的事，」曹先生不待美瑛回答便這樣說，「所以我頭先說過，不要把此事揚出去，因爲這實在不太好聽的事。」

「的確，曹先生的命理太高明了，我的表姊的命實在太苦了，被退婚之後還發生很多麻煩的事！」那位年輕小姐名叫美瑛的，又繼續關心表姊的命運，問道：「曹先生，你看她會不會也有十七歲那年的嚴重情形？應當有甚麽變故？又應當怎麽樣才好呢？最緊要的會不會釀出人命？」

「此次比上次的情形的確更嚴重了！」曹先生說，「我曾說過她不幸的是太美麗又太聰明了。她從前爲自己堂兄弟不會被人懷疑，這就是她的聰明過頭毛病。然而，她的聰明却想不到自己的肚子不爭氣，偏偏大起來了！」曹先生說到這裏，李小姐跳起來，「美瑛，眞的嗎？你表姊靜嫺，眞的以前會有這種胡塗的事嗎？」「不錯，曹先生又說準了，」美瑛嘆了一聲說：「肚裏有了四個月才發覺，連打胎也來不及了，所以難怪男家把她退婚的！」

接着曹先生又說：「這是命中註定的事，也無怪乎她的胡塗。十七歲那年她命中應有三件事：「第一件事是『未出閨門先有子』；第二件事是『琴瑟未和已改』；而第三件則是『求生不得死不成』；想當時她曾經自殺的。」曹先生說到這裏又轉過頭對那表妹說：「她的近事想你也知道淸楚嗎？是否和從前的差不多？也無妨對她兩位說的嗎？」「無妨，她們都是好朋友，現在不知道將來也要知道的，事情已經開始惡化了，火不能用紙包，現在只請曹先生，第一看看她，今年有無性命之危；第二，此事用不用上法庭？」那表妹又微笑地說：「至於我所知道的，還只是表面而已，我想還不如你從八字上看的更淸楚。」於是曹先生接着說：「今年她又是墻內桃花，好在不會有孕，可省許多糾紛。本年命中並無官符，不至于上法庭。至于有無性命之危一節，由半個月前起，至下月底止，確有險象，可能在此期間又有自殺之事；但命中有救，想是無妨。在此尚有兩個月之中，最重要的也是萬難逃避的一事，就是要和那男人分離；雖然不曾結婚，而十年同居，損於一旦是難免的。」曹先生這話後來也完全應驗。原來這位女人是當時某局長的同居，因和局長的堂弟私通，上月被局長太太和堂弟婦當場捉姦時曾服毒自殺不遂，最後果然以離開某局長爲條件幸而無事。

那天一連算了四個女命，而且都是奇奇怪怪的命運。曹先生把上面兩條命看完之後，就對我和朋友講解了關于夫星無根以及桃花刼煞等關鍵問題，使我們初學的獲益不少。那兩位女命雖然夫星表面上看來好像很明亮，而就五行上看，却是無根柢的東西，所以兩人既然都不能做人的元配，連做妾侍也難得做到底，眞是女人無命，但看夫星的了。

看完那位「墻內桃花」的女命後，接着由那位和李小姐年紀上下的小姐報出一個八字之後，她就說自己姓陳，天津人，這是她自己的八字，請曹先生有話直說，不必忌諱；有疑請問，她必詳答。於是曹先生把八字囑我們排好，我們也照樣作了批語備爲參考曹先生所斷的有多少出入。曹先生看了八字之後就問陳小姐說：「請你不要見怪，我是照八字中的命理說的，你也不是元配的命，只是妾侍的命，你今年三十三歲，你當記得十年前二十三歲時，你曾有過一次婚變，大概是被大婦壓迫下堂的。但有一事我要問你，依命上看，你那年不是曾經自殺身危，也必曾遁入空門，帶髮修行，只不知你那年有過此事否？」「是，我曾服安眠藥自殺，後又到五福庵帶髮修行六個月。之後，我又凡心不死，離開五福庵，一年之後，我又嫁人，直到現在……」

「好的，你只說到這裏爲止，」曹先生不待陳小姐再說下去，就阻住她的話，自己就接下去說：「你的命是『夫星入墓』的命，不特不能明婚正娶，由于夫星入墓，連父母之愛也無福享受。依你的八字看，每逢三的流年必有變故發生。你出生三歲，遭父喪母嫁，改姓爲別家女，十三歲你又遭變故，當係被賣入娼門爲妓。何以我敢斷你是被賣入娼門呢？因爲你命中既然『夫星入墓』，而又『紅杏出墻』，並且十四歲那年有『破身』之象，所以必係爲娼之命了。」

「曹先生，謝謝你，我的前運你所說的全對了，一點也沒錯；現在請替我看看今年的流年如何？」陳小姐又補充一句說：「俗語說，三十三上刀山，我今年三十三，是否又要發生什麽變故呢？」曹先生笑了一聲說：「三十三上刀山也可以；不過，我剛才已經說過，你凡逢三之年必有變故，所以你今年確然又要上刀山了！」曹先生說又：「依我看來，你的變故已經發生了，只是還未結束就是。」曹先生微微皺一下眉頭，有些疑問說：「你今年的命運竟然和李小姐同樣，也要在此後六十天內見事實的，望你知命安命，此次你不至服毒，也不至於去當尼姑的。三十六歲下半年，你可能正式嫁人作人的塡房。過去你雖然沒有生育過，但三十六歲之後，你却可以生男育女了，我現在可以預先恭喜你！」曹先生說到這裏，陳小姐插咀問：「三十六歲嫁人，依你剛才所說的，四十三歲是否又有變故呢？」「不會的，三十六歲之後，你的夫星已得位，所以不會再有婚變之事。不過，凡三之年仍難免有不如意之事，那年你的丈夫可能在外納妾；而五十三歲之年，恐怕難免痛失所天！六十三，多行善事，積德可以延年！」

接着，陳小姐又報出一個八字，是一個才二十四歲的八字。因爲時間不早了，曹先生本來不再看，而她們要求只要簡單的說說大體命格和今年流年。我們把那八字一查，却和以前三個顯有不同之處，所謂夫星，這個小姐的夫星既明朗又得位，依舊時代說，該是一品夫人的命運，而且今年流年應是大喜之年。所謂「夫榮子貴」，顯然在八字可以明如指掌，於是曹先生就對陳小姐說：

「這位小姐的八字格局，和你們各位完全不同。她這八字是千不見一的貴格，若在前清舊時代裏，應是名門之女，嫁爲一品夫人。而且今年就是她大喜之年，理當在三個月之內就要嫁與金龜婿的。」曹先生又問說：「但不知你們和這小姐有何關係？是不是名門之女？是不是準備嫁與顯貴之人？否則也要嫁給一位富翁。」陳小姐和李小姐都只微笑不肯說。還是由那位表妹開口說：「曹先生既然這樣看定了，總是沒有錯的。我們只知道她的父親曾當過財政廳長，至于今年要嫁爲一品夫人，想三個月後如果你曹先生看準了，那一定大家都會知道的，請等着看吧！」

原來三月後這位小姐所嫁的就是叫李小姐下堂的那個某部長。部長今年正月元配去世，要續絃，這位小姐是燕京大學畢業生，要某部長把二三兩位姨太太一起下堂才肯嫁給他；而那位陳小姐呢，原來就是某部長的第三姨太太。

占筮類			
1	擲地金聲搜精秘訣	心一堂編	沈氏研易樓藏稀見易占秘鈔本
2	卜易拆字秘傳百日通	心一堂編	
3	易占陽宅六十四卦秘斷	心一堂編	火珠林占陽宅風水秘鈔本
星命類			
4	斗數宣微	【民國】王裁珊	民初最重要斗數著述之一；未刪改本
5	斗數觀測錄	【民國】王裁珊	失傳民初斗數重要著作
6	《地星會源》《斗數綱要》合刊	心一堂編	失傳的第三種飛星斗數
7	《斗數秘鈔》《紫微斗數之捷徑》合刊	心一堂編	珍稀「紫微斗數」舊鈔秘本
8	斗數演例	心一堂編	
9	紫微斗數全書（清初刻原本）	題【宋】陳希夷	斗數全書本來面目；有別於錯誤極多的坊本
10-12	鐵板神數（清刻足本）——附秘鈔密碼表	題【宋】邵雍	無錯漏原版秘鈔密碼表　首次公開！
13-15	蠢子數纏度	題【宋】邵雍	蠢子數連密碼表打破數百年秘傳　首次公開！
16-19	皇極數	題【宋】邵雍	清鈔孤本附起例及完整密碼表研究神數必讀！
20-21	邵夫子先天神數	題【宋】邵雍	附手鈔密碼表研究神數必讀！
22	八刻分經定數（密碼表）	題【宋】邵雍	皇極數另一版本；附手鈔密碼表
23	新命理探原	【民國】袁樹珊	子平命理必讀教科書！
24-25	袁氏命譜	【民國】袁樹珊	
26	韋氏命學講義	【民國】韋千里	民初二大命理家南袁北韋 北韋之命理經典
27	千里命稿	【民國】韋千里	
28	精選命理約言	【民國】韋千里	
29	滴天髓闡微——附李雨田命理初學捷徑	【民國】袁樹珊、李雨田	命理經典未刪改足本
30	段氏白話命學綱要	【民國】段方	民初命理經典最淺白易懂
31	命理用神精華	【民國】王心田	學命理者之寶鏡

32	命學採驪集	【民國】張巢雲	發前人所未發　稀見民初子平命理著作
33	澹園命談	【民國】高澹園	
34	算命一讀通——鴻福齊天	【民國】不空居士、覺先居士合纂	
35	子平玄理	【民國】施惕君	
36	星命風水秘傳百日通	心一堂編	
37	命理大四字金前定	題【晉】鬼谷子王詡	源自元代算命術
38	命理斷語義理源深	心一堂編	稀見清代批命斷語及活套
39－40	文武星案	【明】陸位	失傳四百年《張果星宗》姊妹篇　千多星盤命例　研究命學必備
相術類			
41	新相人學講義	【民國】楊叔和	失傳民初白話文相術書
42	手相學淺說	【民國】黃龍	民初中西結合手相學經典
43	大清相法	心一堂編	重現失傳經典相書
44	相法易知	心一堂編	
45	相法秘傳百日通	心一堂編	
堪輿類			
46	靈城精義箋	【清】沈竹礽	沈氏玄空遺珍　玄空風水必讀
47	地理辨正抉要	【清】沈竹礽	
48	《玄空古義四種通釋》《地理疑義答問》合刊	沈瓞民	
49	《沈氏玄空吹虀室雜存》《玄空捷訣》合刊	【民國】申聽禪	
50	漢鏡齋堪輿小識	【民國】查國珍、沈瓞民	失傳已久的無常派玄空經典
51	堪輿一覽	【清】孫竹田	
52	章仲山挨星秘訣（修定版）	【清】章仲山	章仲山無常派玄空珍秘　門內秘本首次公開
53	臨穴指南	【清】章仲山	
54	章仲山宅案附無常派玄空秘要	心一堂編	沈竹礽等大師尋覓一生末得之珍本！
55	地理辨正補	【清】朱小鶴	玄空六派蘇州派代表作
56	陽宅覺元氏新書	【清】元祝垚	簡易・有效・神驗之玄空陽宅法
57	地學鐵骨秘　附　吳師青藏命理大易數	【民國】吳師青	釋玄空廣東派地學之秘
58－61	四秘全書十二種（清刻原本）	【清】尹一勺	玄空湘楚派經典本來面目　有別於錯誤極多的坊本

62	地理辨正補註　附 元空秘旨　天元五歌　玄空精髓　心法秘訣等數種合刊	【民國】胡仲言	貫通易理、巒頭、三元、三合、天星、中醫
63	地理辨正自解	【清】李思白	公開玄空家「分率尺、工部尺、量天尺」之秘
64	許氏地理辨正釋義	【民國】許錦灝	民國易學名家黃元炳力薦
65	地理辨正天玉經內傳要訣圖解	【清】程懷榮	秘訣一語道破，圖文并茂
66	謝氏地理書	【民國】謝復	玄空體用兼備、深入淺出
67	論山水元運易理斷驗、三元氣運說附紫白訣等五種合刊	【宋】吳景鸞等	失傳古本《玄空秘旨》《紫白訣》
68	星卦奧義圖訣	【清】施安仁	三元玄空門內秘笈　清鈔孤本 過去均為必須守秘不能公開秘密 與今天流行飛星法不同
69	三元地學秘傳	【清】何文源	
70	三元玄空挨星四十八局圖說	心一堂編	
71	三元挨星秘訣仙傳	心一堂編	
72	三元地理正傳	心一堂編	
73	三元天心正運	心一堂編	
74	元空紫白陽宅秘旨	心一堂編	
75	玄空挨星秘圖　附 堪輿指迷	心一堂編	
76	姚氏地理辨正圖說　附 地理九星并挨星真訣全圖　秘傳河圖精義等數種合刊	【清】姚文田等	蓮池心法　玄空六法 門內秘鈔本首次公開
77	元空法鑑批點本——附 法鑑口授訣要、秘傳玄空三鑑奧義匯鈔　合刊	【清】曾懷玉等	
78	元空法鑑心法	【清】曾懷玉等	
79	曾懷玉增批蔣徒傳天玉經補註【新修訂版原（彩）色本】	【清】項木林、曾懷玉	
80	地理學新義	【民國】俞仁宇撰	揭開連城派風水之秘
81	地理辨正揭隱（足本）　附連城派秘鈔口訣	【民國】王邈達	
82	趙連城傳地理秘訣附雪庵和尚字字金	【明】趙連城	
83	趙連城秘傳楊公地理真訣	【明】趙連城	
84	地理法門全書	仗溪子、芝罘子	巒頭風水，內容簡核、深入淺出
85	地理方外別傳	【清】熙齋上人	巒頭形勢、「望氣」「鑑神」
86	地理輯要	【清】余鵬	集地理經典之精要
87	地理秘珍	【清】錫九氏	巒頭、三合天星，圖文並茂
88	《羅經舉要》附《附三合天機秘訣》	【清】賈長吉	清鈔孤本羅經、三合訣法圖解
89-90	嚴陵張九儀增釋地理琢玉斧巒	【清】張九儀	清初三合風水名家張九儀經典清刻原本！

心一堂術數古籍珍本叢刊　第二輯書目

編號	書名	作者	簡介
占筮類			
121	卜易指南（二種）	【清】張孝宜	民國經典，補《增刪卜易》之不足
122	未來先知秘術——文王神課	【民國】張了凡	內容淺白、言簡意賅、條理分明
星命類			
123	人的運氣	汪季高（雙桐館主）	五六十年香港報章專欄結集！
124	命理尋源	【民國】徐樂吾	民國三大子平命理家徐樂吾必讀經典！
125	訂正滴天髓徵義		
126	滴天髓補註　附　子平一得		
127	窮通寶鑑評註　附　增補月談賦　四書子平		
128	古今名人命鑑		
129-130	紫微斗數捷覽（明刊孤本）［原（彩）色本］　附　點校本　（上）（下）	馮一、心一堂術數古籍整理編校小組　整理	明刊孤本　首次公開！
131	命學金聲	【民國】黃雲樵	民國名人八字、六壬奇門推命
132	命數叢譚	【民國】張雲溪	子平斗數共通、百多民國名人命例
133	定命錄	【民國】張一蟠	民國名人八十三命例詳細生平
134	《子平命術要訣》《知命篇》合刊	【民國】鄒文耀、【民國】胡仲言　撰	《子平命術要訣》科學命理；《知命篇》易理皇極、命理地理、奇門六壬互通
135	科學方式命理學	閻德潤博士	匯通八字、中醫、科學原理！
136	八字提要	韋千里	民國三大子平命理家韋千里必讀經典！
137	子平實驗錄	【民國】孟耐園	作者四十多年經驗　占卜奇靈　名震全國！
138	民國偉人星命錄	【民國】囂囂子	幾乎包括所民初總統及國務總理八字！
139	千里命鈔	韋千里	失傳民初三大命理家-韋千里　代表作
140	斗數命理新篇	張開卷	現代流行的「紫微斗數」內容及形式上深受本書影響
141	哲理電氣命數學——子平部	【民國】彭仕勛	命局按三等九級格局、不同術數互通借用
142	《人鑑——命理存驗・命理擷要》（原版足本）附《林庚白家傳》	【民國】林庚白	傳統子平學修正及革新、大量名人名例
143	《命學苑苑刊——新命》（第一集）附《名造評案》《名造類編》等	【民國】林庚白、張一蟠等撰	史上首個以「唯物史觀」來革新子平命學結集
相術類			
144	中西相人探原	【民國】袁樹珊	按人生百歲，所行部位，分類詳載
145	新相術	【美國】字拉克福原著、【民國】沈有乾編譯	通過觀察人的面相身形、色澤舉止等，得知性情、能力、習慣、優缺點等
146	骨相學	【民國】風萍生編著	結合醫學中生理及心理學，影響近代西、日、中相術深遠
147	人心觀破術　附運命與天稟	著，【日本】管原如庵、加藤孤雁原著，【民國】唐真如譯	觀破人心、運命與天稟的奧妙

148	《人相學之新研究》《看相偶述》合刊	盧毅安	集中外大成，無不奇驗；影響近代香港相術名著
149	冰鑑集	【民國】碧湖鷗客	各家相法精華、相術捷徑、圖文並茂附名人照片
150	《現代人相百面觀》《相人新法》合刊	【民國】吳道子輯	失傳民初相學經典二種 重現人間！
151	性相論	【民國】余晉龢	民初北平公安局專論相學與犯罪專著（犯罪學生物學派）
152	《相法講義》《相理秘旨》合刊	韋千里、孟瘦梅	命理學大家韋千里經典、傳統相術秘籍精華
153	《掌形哲學》附《世界名人掌形》《小傳》	【民國】余萍客	圖文并茂、附歐美名人掌形圖及生平簡介
154	觀察術	【民國】吳貴長	可補充傳統相術之不足
堪輿類			
155	羅經消納正宗	【明】沈昇撰、【明】史自成、丁孟章合纂	失傳四庫存目珍稀風水古籍
156	風水正原	【清】余天藻	●積德為求地之本，形家必讀！ ●純宗形家，與清代欽天監地理風水主張大致相同
157	安溪地話（風水正原二集）		
158	《蔣子挨星圖》附《玉鑰匙》	傳【清】蔣大鴻等	窺知無常派章仲山一脈真傳奧秘
159	樓宇寶鑑	吳師青	陽宅風水必讀、現代城市樓宇風水看法改革
160	《香港山脈形勢論》《如何應用日景羅經》合刊		香港風水山脈形勢專著
161	三元真諦稿本——讀地理辨正指南	【民國】王元極	被譽為蔣大鴻、章仲山後第一人 內容直接了當，盡揭三元玄空家之秘
162	三元陽宅萃篇		
163	王元極增批地理冰海 附批點原本地理冰海	【清】高守中 【民國】王元極	
164	地理辨正發微	【清】唐南雅	極之清楚明白，披肝露膽
165-167	增廣沈氏玄空學 附 仲山宅斷秘繪稿本三種、自得齋地理叢說稿鈔本（上）（中）（下）	【清】沈竹礽	玄空必讀經典！ 附《仲山宅斷》幾種鈔本及批點本，畫龍點晴、披肝露膽，道中刊印本未點破的秘訣
168-169	巒頭指迷（上）（下）	【清】尹貞夫原著、【民國】何廷珊增訂、批注	圖文并茂：龍、砂、穴、水、星辰九十九變 洩漏天機：蔣大鴻、賴布衣挨星秘訣及用法
170-171	三元地理真傳（兩種）（上）（下）	【清】趙文鳴	蔣大鴻嫡派真傳張仲馨一脈二十種家傳秘本、宅墓案例三十八圖，並附天星擇日
172	三元宅墓圖 附 家傳秘冊		
173	宅運撮要	【民國】尤惜陰（演本法師）、榮柏雲	撮三集《宅運新案》之精要
174	章仲山秘傳玄空斷驗筆記 附 章仲山斷宅圖註	【清】章仲山傳、【清】唐鷺亭纂	無常派玄空不外傳秘中秘！二宅實例有斷驗及改造內容
175	汪氏地理辨正發微 附 地理辨正真本	【清】蔣大鴻、姜垚原著、【清】汪云吾發微	蔣大鴻嫡派張仲馨一脈三元理、法、訣具體泄露
176	蔣大鴻家傳歸厚錄汪氏圖解	【清】蔣大鴻、【清】汪云吾圖解	
177	蔣大鴻嫡傳三元地理秘書十一種批注	【清】蔣大鴻原著、【清】汪云吾、【清】劉樂山註	三百年來最佳《地理辨正》註解！石破天驚！

178	《星氣（卦）通義（蔣大鴻秘本四十八局圖并打劫法）》《天驚秘訣》合刊	題【清】蔣大鴻 著	江西興國真傳三元風水秘本
179	蔣大鴻嫡傳天心相宅秘訣全圖附陽宅指南等秘書五種	【清】蔣大鴻編訂、【清】汪云吾、劉樂山註	蔣大鴻徒張仲馨秘傳陽宅風水「教科書」！
180	家傳三元地理秘書十三種		真天宮之秘　千金不易之寶
181	章仲山門內秘傳《堪輿奇書》附《天心正運》	【清】章仲山傳、【清】華湛恩	直洩無常派章仲山玄空風水不傳之秘
182	《挨星金口訣》、《王元極增批補圖七十二葬法訂本》合刊	[民國]王元極	秘中秘——玄空挨星真訣公開！字字千金！
183-184	《家傳三元古今名墓圖集附謝氏水鉗》《蔣氏三元名墓圖集》合刊（上）（下）	（清）孫景堂，劉樂山，張稼夫	蔣大鴻嫡傳風水宅案、幕講師、蔣大鴻、姜垚等名家多個實例，破禁公開！
185-186	《山洋指迷》足本兩種　附《尋龍歌》（上）（下）	【明】周景一	風水巒頭形家必讀《山洋指迷》足本！
187-196	蔣大鴻嫡傳水龍經注解　附　虛白廬藏珍本水龍經四種（1-10）	【清】蔣大鴻編訂、【清】楊臥雲、汪云吾、劉樂山註	蔣大鴻嫡傳一脈授徒秘笈　希世之寶 千年以來，師師相授之秘旨，破禁公開！ 完整了解蔣氏嫡派真傳一脈三元理、法、訣！ 附已知最古《水龍經》鈔本等五種稀見《水龍經》
197	批注地理辨正直解	【清】章仲山	無常派玄空必讀經典未刪改本！
198	《天元五歌闡義》附《元空秘旨》（清刻原本）		
199	心眼指要（清刻原本）		
200	華氏天心正運	【清】華湛恩	
201-202	批注地理辨正再辨直解合編（上）（下）	【清】蔣大鴻原著、【清】姚銘三再註、【清】章仲山直解	失傳姚銘三玄空經典重現人間！ 名家：沈竹礽、王元極推薦！
203	章仲山注《玄機賦》《元空秘旨》附《口訣中秘訣》《因象求義》等九種合刊	【清】章仲山	近三百年來首次公開！章仲山無常派玄空秘密，和盤托出！ 章仲山注《玄機賦》及章仲山原傳之口訣及筆記
204	章仲山門內真傳《三元九運挨星篇》《運用篇》《挨星定局篇》《口訣篇》等合刊	【清】章仲山、柯遠峰等	
205	章仲山門內真傳《大玄空秘圖訣》《天驚訣》《飛星要訣》《九星斷略》《得益錄》等合刊	【清】章仲山、冬園子等	
206	撼龍經真義	吳師青註	近代香港名家吳師青必讀經典
207	章仲山嫡傳《翻卦挨星圖》《秘鈔元空秘旨》　附《秘鈔天元五歌闡義》	【清】章仲山傳、【清】王介如輯撰	透露章仲山家傳玄空嫡傳學習次弟及關鍵不傳之秘
208	章仲山嫡傳秘鈔《秘圖》《節錄心眼指要》合刊		
209	《談氏三元地理大玄空實驗》附《談養吾秘稿奇門占驗》	【民國】談養吾撰	史上首次公開「無常派」下卦起星等挨星秘密之書
210	《談氏三元地理濟世淺言》附《打開一條生路》		了解談氏入世的易學卦德爻象思想
211-215	《地理辨正集註》附　《六法金鎖秘》《巒頭指迷真詮》《作法雜綴》等（1-5）	【清】尋緣居士	集《地理辨正》一百零八家註解大成精華 匯巒頭及蔣氏、六法、無常、湘楚等秘本 史上最大篇幅的《地理辨正》註解
216	三元大玄空地理二宅實驗（足本修正版）	【民國】尤惜陰（演本法師）、榮柏雲撰	三元玄空無常派必讀經典足本修正版

217	蔣徒呂相烈傳《幕講度針》附《元空秘斷》《陰陽法竅》《挨星作用》	【清】呂相烈	蔣大鴻門人呂相烈三元秘本三百年來首次破禁公開！
218	挨星撮要（蔣徒呂相烈傳）		
219-221	《沈氏玄空挨星圖》《沈註章仲山宅斷未定稿》《沈氏玄空學（四卷原本）》合刊（上中下）	【清】沈竹礽 等	揭開沈氏玄空挨星五行吉凶斷的變化及不同用法 章仲山宅斷未刪本、沈氏玄空學原本佚文、玄空挨星圖稿鈔本 大公開！
222	地理穿透真傳（虛白廬藏清初刻原本）	【清】張九儀	三合天星家宗師張九儀畢生地學精華結集
223-224	地理元合會通二種（上）（下）	【清】姚炳奎	分發兩家（三元、三合）之秘，會通其用詳解注羅盤（蔣盤、賴盤）；義理、斷驗俱精
其他類			
225	天運占星學 附 商業周期、股市粹言	吳師青	天星預測股市，神準經典
226	易元會運	馬翰如	《皇極經世》配卦以推演世運與國運
三式類			
227	大六壬指南（清初木刻五卷足本）		六壬學占驗課案必讀經典海內善本
228-229	甲遁真授秘集（批注本）（上）（下）	【清】薛鳳祚	明清皇家欽天監秘傳奇門遁甲 奇門、易經、皇極經世結合經典
230	奇門詮正	【民國】曹仁麟	簡易、明白、實用，無師自通！
231	大六壬探源	【民國】袁樹珊	民初三大命理家袁樹研究六壬四十餘年代表作
232	遁甲釋要	【民國】徐昂	推衍遁甲、易學、洛書九宮大義！
233	《六壬卦課》《河洛數釋》《演玄》合刊		疏理六壬、河洛數、太玄隱義！
234	六壬指南（【民國】黃企喬）	【民國】黃企喬	失傳經典 大量實例
選擇類			
235	王元極校補天元選擇辨正	原【清】謝少暉輯、【民國】王元極校補	三元地理天星選日必讀
236	王元極選擇辨真全書 附 秘鈔風水選擇訣	【民國】王元極	王元極天昌館選擇之要旨
237	蔣大鴻嫡傳天星選擇秘書注解三種	【清】蔣大鴻編訂、【清】楊臥雲、汪云吾、劉樂山註	蔣大鴻陰陽二宅天星擇日日課案例！
238	增補選吉探源	【民國】袁樹珊	按表檢查，按圖索驥：簡易、實用！
239	《八風考略》《九宮撰略》《九宮考辨》合刊	沈瓞民	會通沈氏玄空飛星立極、配卦深義
其他類			
240	《中國原子哲學》附《易世》《易命》	馬翰如	國運、世運的推演及預言